KB175475

청소년들의 진로와 직업 탐색을 위한

소아청소년과의사⁺

이 책의 저작권은 저자와 출판사에 있습니다.
서면에 의한 저자와 출판사의 허락 없이 책의 전부 또는 일부 내용을 사용할 수 없습니다.

...Pediatrics...

청소년들의 진로와 직업 탐색을 위한 **잡프러포즈 시리즈 28**

아이들을 좋아하는
소아청소년과의사

최민정 지음

내 노년기의 최대의 위안이며
내게 최고의 만족감을 주는 것은
내가 남에게 베풀었던
그 많은 구제와 다정한 수고이다.

– 마르쿠스 포르키우스 카토, Marcus Porcius Cato –

앞을 보면서 점을 이을 수는 없어요.
오직 과거를 뒤돌아볼 수 있을 때,
비로소 점들을 연결할 수 있죠.
여러분은 현재라는 모든 점이 당신의 미래와
어떻게든 연결된다는 것을 믿어야 해요.
현재가 미래로 연결되어 하나의 길을
만들리라는 믿음을 가진다면,
여러분은 자신의 마음이 움직이는 대로
따르는 것에 자신감을 갖게 될 거예요.

– 스티브 잡스, Steve Jobs –

소아청소년과의사 최민정의
프러포즈

우리는 직업을 통해 돈을 벌거나 사회적 지위를 획득할 수 있어요. 무척 중요한 가치죠. 더불어 천직이라는 말이 가지는 의미인 소명처럼 부름을 받아 나에게 타고난 일을 찾는 것 역시 의미 있는 일이라고 생각해요. 특별한 부름을 받고 내 재능을 살려 남을 위해 종사하는 것, 그것이 곧 세상을 더 살만한 곳으로 바꾸는 시작점이라고 생각하거든요.

소아청소년과는 주로 어린 환자들을 진료하기 때문에 의사의 전문성이 더욱 부각되는 과예요. 아이들은 진료실에 들어선 순간 울음을 터트리거나 어디가 어떻게 아픈지조차 제대로 전달하지 못하기 때문에 애로사항이 많은 과이기도 해요. 하지만 힘든 만큼 불안했던 아이의 마음에 안정을 찾아주거나 진료를 통해 병의 증세가 나아질 때면 뿌듯함을 느끼게 되죠. 아이들의 건강을 돌보며 행복과 자부심을 느낄 수 있는 이 일이 저에게는 천직이라는 생각이 들어요.

그렇지만 어릴 때부터 소아청소년과의사를 꿈꿨다거나, 학창시절 진로를 결정할 때 이 직업에 대해 충분히 고민해보니 천직일 거라 생각해 이 길에 들어선 것은 아니었어요. 소아청소년과 수련 도중에는 힘들어서 그만두려고 한 적도 있었고, 전문의가 되고 나서는 소아청소년과만의 현실적인 어려움들이 있다는 것도 알게 되었죠. 저출산 문제도 그렇지만 어린아이들을 치료해야 하니 더 세심하게 신경 쓸 것은 많은데, 다른 과에 비해 합리적인 진료비를 받을 수 있는 항목이 적어 개원을 해도 어렵다는 얘기를 많이 들었거든요. 전문의가 되어 이러한 현실들을 몇 년 간 겪다 보니, 내 선택이 옳았던 것일까 하는 의문이 들었던 적도 있었어요.

그러던 중 조병국 선생님의 『할머니 의사 청진기를 놓다』 라는 책을 읽게 되었어요. 버려진 아이들, 입양아들을 위해 수십 년간 헌신해오신 그분의 책을 읽으면서 소아청소년과의사만의 고귀한 본분과 사명에 대해 다시 한번 생각하게 되었죠. 그리고 마음을 다잡았어요. 때로 흔들리고 때로 고민도 했지만 그 시간들이 저를 더 단단하게 만들었고, 이제 웬만한 일에는 흔들리지 않게 되었네요. 여러분 중에도 소아청소년과의사를 꿈꾸지만 현실의 벽 때문에 고민하는 친구가 있을 거라 생각해요. 당연한 해야 할 고민이죠. 그렇지만 조병국 선생님이 하셨던 일처럼 세상엔 우리의 도움이 꼭 필요한 곳이 있다는 것을 잊지 말았으면 해요. 존재만으로도 따뜻한 이 직업, 아팠던 아이들이 건강하게 웃는 모습을 보며 보람과 긍지를 느낄 수 있는 이 직업, 고통의 순간에서 희망을 찾는 이 직업, 우리가 살고 있는 이 세상을 함께 사는 사회로 만들어주는 이 직업, 소아청소년과의사를 여러분께 프러포즈해요.

토크쇼 편집자 – 편

소아청소년과의사 최민정 –

편 먼저 자기소개를 부탁드려요.

안녕하세요. 저는 소아청소년과 전문의로 일하고 있는 최민정이에요. 저는 아이들을 진료하고 있으면 행복해져요. 그래서 제 일을 천직이라고 생각하는데요. 그런 만큼 저에게 진료를 받는 아이들에게는 최고의 의사가 되기 위해 최선을 다하고 있어요. 설명도 꼼꼼히 하려고 노력하고, 바쁜 시간을 쪼개 계속 공부도 하고 있죠. 누구보다 큰 긍지를 가지고 즐겁게 이 일을 하고 있지만 처음부터 이 일을 천직이라고 생각한 건 아니었어요. 나에게 맞는 일인지 고민한 적도 있었고, 때론 다른 일을 동경하며 힘든 시기를 보낸 적도 있었죠. 지금 와서 보니 학창시절에 진로에 대해 적극적으로 탐구하고 충분히 고민했다면 그런 시기를 겪지 않았을지도 모르겠다는 생각이 들어요. 그런 의미에서 이 책이 소아청소년과의사를 꿈꾸는 학생들에게 진심 어린 안내서가 되어 여러분은 저와 같은 시행착오를 겪지 않았으면 해요.

편 이 일을 하신지는 얼마나 되셨나요?

의과대학을 졸업하면서 바로 의사 국가고시를 통과하고 의사면허증을 취득했어요. 세브란스병원에서 인턴 생활을 시

작했고, 1년 후에는 같은 병원에서 소아청소년과 전공의 생활을 시작했죠. 그 후로 4년간 전공의 수련을 받은 후 바로 전문의 시험에 통과해 소아청소년과 전문의로 일하게 되었고, 올해로 8년 차가 되었어요. 초등학교 6년, 중, 고등학교 6년, 의과대학 6년, 인턴 1년, 전공의 4년을 거쳐 이제 전문의 8년 차라니, 초등학교에 입학한 이래로 쉬어본 적 없이 쭉 달려왔네요. 마치 짧은 거리에 있는 점과 점을 계속 잇다 보면 긴 선이 만들어지는 것처럼 새로운 목표가 보이면 뒤돌아볼 겨를도 없이 다음 지점을 향해 가다 보니 여기까지 온 것 같아요. 이 책을 쓰며 쉴 새 없이 달려온 제 삶을 돌아볼 기회가 생긴 것이 저에겐 굉장히 의미 있는 일이에요.

편 의사, 그중에서도 소아청소년과를 선택한 이유가 있나요?

사실 저는 고등학교 졸업 후 의과대학에 진학하기 전에 경영학과에 입학했어요. 고등학교에 다닐 때만 해도 의사가 되고 싶다는 생각이 없었고, 부모님이나 선생님께서도 의사라는 직업을 따로 권유하신 적은 없었어요. 책이나 영화를 보면 의사라는 직업을 가진 주인공이 자주 등장하잖아요. 정의

롭고 인간적인 그들을 보면서 본받아야 할 선망의 대상 정도로만 생각했죠. 그래서 당시에 관심이 있었던 경영학과에 입학을 하게 되었는데, 막상 공부를 해보니 재미가 없더라고요. 그러다 의과대학에 다니는 친구의 의학 서적을 보았고 의학에 흥미를 느끼게 되었어요. 당시엔 문과와 이과의 교차 지원이 가능해서 운 좋게 다시 의대에 입학할 수 있었죠. 본과 3, 4학년 때부터 실습을 하는데, 실습을 하다 보니 의사라는 직업이 나와 잘 맞는다는 사실을 발견하게 되었어요. 의과대학에 다니면 시험도 자주 보고 공부할 것도 많아 힘들지만 실습만큼은 힘들지 않았어요. 그동안 배운 걸 환자들에게 적용해보는 것이 정말 재미있었죠. 1년간의 인턴 과정이 끝나자 전공을 선택해야 했고, 내가 가진 성향과 장점을 잘 살릴 수 있는 전공이 무엇일까 고민한 끝에 결국 소아청소년과를 선택했죠. 작은 일에도 꼼꼼하게 주의를 기울이는 저의 세심함이나 아이들을 불편해하지 않는 태도, 온화하고 부드러운 성격이 소아청소년과에서 빛날 수 있을 거라 생각했거든요.

편 이 직업을 프러포즈하는 이유는 뭔가요?

저를 소아청소년과의사라고 소개할 때 사람들이 가장 많

이 하는 질문 두 가지가 있어요. 첫 번째 질문은 "소아청소년과의사가 되기 전부터 아이들을 좋아했나요?"이고, 두 번째 질문은 "아이들을 진료하는 게 힘들지 않나요?"인데요. 두 가지 질문에 대한 답은 모두 '아니다'예요. 앞서 얘기했듯이 처음 전공을 선택할 때 고려한 것은 제 성향과 장점을 살릴 수 있는 가였지, 아이들이 좋아서는 아니었죠. 그런데 소아청소년과 진료를 하다 보니 아이들이 예뻐 보이기 시작했어요. 그리고 이제는 우는 모습조차 귀여워 보이죠. 처음엔 낯선 진료실에 들어와 당황한 아이들이 울기도 하는데, 진료를 하면서 예쁘다고, 잘한다고 얘기해주면 울음을 멈추고 저를 바라봐요. 그 순간이 저에게는 무엇과도 견줄 수 없는 빛나는 순간이에요. 다른 과 의사들은 절대 경험하지 못할 순간이죠. 그런 일을 매번 경험하다 보니 저는 진료가 힘들지 않아요. 또한 제 또래의 어머니들에게 육아에 대한 고민을 듣고 도움을 줄 수 있다는 것도 큰 매력이죠. 최근 들어 일과 육아를 병행하는 어머니들이 많아졌어요. 예전보다 아이도 적게 낳아 키우고요. 그러다 보니 바쁘거나 경험이 없어 이유식이나 아이의 발달상황 때문에 불안해하는 경우가 많죠. 정성껏 만든 이유식을 잘 먹지 않거나 편식을 하는 아이, 또래보다 키나 몸

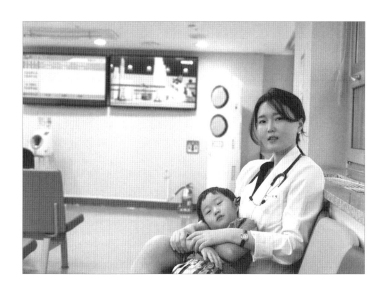

무게가 적은 아이를 키우게 되면 부모는 걱정을 하거든요. 그런 분들에게 적절한 조언을 해주고 대수롭지 않거나 자연스러운 성장의 한 과정인 경우 안심시켜주는데요. 불안을 덜어내거나 위로를 받고 편안해진 모습을 마주하는 것도 제게는 큰 매력으로 다가와요. 이렇게 사람의 마음을 어루만지는 직업이 또 있을까 싶죠. 매일매일 빛나는 순간을 선사하고 어려움에 처한 사람에게 손을 내밀 수 있는 이 일, 여러분에게도 권하고 싶어요.

소아청소년과의사의
세계

Pediatrics

자신이 근무하는 의료기관에 따라 의사마다 일과가 조금씩 다르겠죠. 병원의 외래 진료 시간은 점심시간 한 시간을 제외하고는 보통 오전 9시부터 오후 6시까지예요. 병원에서 근무하는 의사의 경우 오전 외래가 시작되기 전에 병동 회진을 하고 경과에 따라 처방을 내려요. 외래 진료가 모두 끝날 때쯤 오후 회진을 하고 처방 등의 마무리를 하면 정규 일과는 끝나게 되죠. 퇴근 이후에도 필요하다면 병동에 입원한 환아들에 대해 병동 담당 간호사에게 전화 보고를 받거나 지시를 내리기도 해요. 응급실로 내원하는 환아들은 일차적으로는 응급의학과에서 진료를 보지만 필요한 경우 소아청소년과 협업으로 진료가 진행되기도 해서 관련 업무를 보기도 하고요.

흔히 대학병원이라고 불리는 상급종합병원에서 근무하는 의사들은 의과대학 학생들을 가르치거나 연구 및 논문 작성을 하기도 해요. 입원병실이 없고 외래만 보는 1차 의원의 경우 병원에 따라 진료 시간에 차이가 있어요. 최근 맞벌이를 하는 보호자들이 많아짐에 따라 저녁 6시 이후까지 진료를 하는 병원도 많고, 주말이나 공휴일까지 진료를 하는 병원도 있거든요. 이러한 1차 의원에서 근무하는 의사들은 대표 원장이 정한 시간 동안 내원한 환자들의 진료를 하게 되죠.

편 일하는 곳은 어디인가요?

아시다시피 의사들은 주로 의료기관에서 근무하고 있어요. 병원이나 보건소 등 다양한 곳에서 일하고 있죠. 구체적으로 얘기하자면, 현역에 있는 소아청소년과의사 5,670명 중 582명은 대학병원과 같은 상급종합병원, 707명은 종합병원, 871명은 병원, 106명은 요양병원, 3,257명은 의원, 16명은

한방병원, 17명은 보건의료원, 69명은 보건소, 45명은 보건
지소에서 근무하고 있다고 해요. 이 외에도 군의관이나 보건
복지부 공무원, 국립과학수사연구원, 법무부 의무직공무원,
의학전문기자, 법의학자로 일하고 있는 소아청소년과의사도
있는데요. 이들은 정부기관이나 의무사령부, 의학연구소 등
에서 일하고 있죠.

편 소아청소년과의사가 진료실 안에서 주로 사용하는 의료
도구에는 어떤 것들이 있나요?

저희는 주로 청진기와 인두경, 펜라이트, 설압자, 검이
경, 이비인후과 종합 진료대, 헤드라이트, 포셉 등을 사용해
진료를 하고 있어요. 청진기는 체내에서 발생하는 심음이나
호흡음, 장음 등을 듣는데 쓰이는 도구예요. 인두경과 펜라이
트는 입안과 혀 안쪽의 목구멍 등을 밝게 비춰서 정확한 진단
에 도움을 주는 도구이며, 설압자는 구강이나 인두부 진료 시
혀를 누르고 고정할 때 사용하는 도구죠. 검이경은 고막과 외
이도를 보는데 사용하며, 이비인후과 종합 진료대는 입안, 비
강, 인후두, 귀 등을 진찰하고 치료하는데 사용해요. 헤드라
이트는 진찰이나 수술을 할 때 머리에 고정해 사용하는 조명

용 기구이며, 포셉은 물체를 집거나 고정하기 위해 사용하는 기구로 용도에 따라 다양한 모양이 있어요. 예를 들면 귀지를 제거할 때 쓰는 포셉도 있죠.

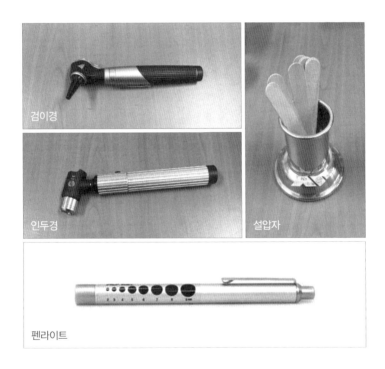

검이경

설압자

인두경

펜라이트

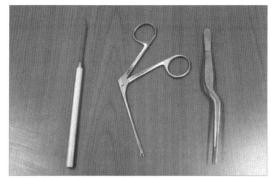

이어루프와 포셉

헤드라이트

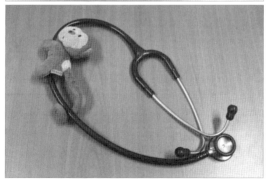

청진기

이비인후과 종합 진료대

이비인후과 종합 진료대

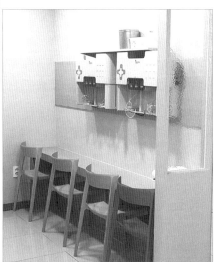

호흡기 치료 도구

편 시간이 날 때는 어떤 일을 하나요?

대한의사협회나 대한소아과학회, 소아청소년과 각 분과에서 주최하는 학회, 소아청소년과가 아닌 타과에서 주최하는 학술대회나 연수강좌들이 자주 있는데요. 이런 학회에서는 주로 진료와 관련된 내용을 다루지만 때로 의료법이나 세무 같은 진료 외적인 것들에 대해서도 강의를 해요. 부족하다고 여긴 부분이나 평소 관심을 가졌던 분야, 혹은 꼭 알아야 할 내용이라고 생각되는 강의라면 시간을 내서 들으러 가죠.

그 밖에 여유 시간이 생기면 여가활동이나 취미활동도 하는데, 저 같은 경우 책을 읽거나 그림을 그리고 전시회에 가는 것을 좋아해요. 그중에서 가장 좋아하는 일은 그림을 그리는 일이죠. 집중해서 그림 하나를 완성하고 나면 뿌듯함과 성취감에 기분이 정말 좋아지거든요. 원하던 느낌을 잘 표현했거나 그림이 잘 그려지는 날은 더더욱 그렇고요. 몇 년 뒤에 그동안 그린 것들을 모아 전시회도 해보고 싶고, 나중에 제 병원을 개원하게 된다면 제가 그린 그림들을 벽에 걸어 놓고 싶어요.

편 매력과 장점은 무엇인가요?

무엇보다 귀여운 아이들을 매일 볼 수 있다는 것이 가장 큰 매력이죠. 병원에 온 아이들은 예방접종을 맞고 울기도 하고, 진찰이 무서워 도망을 가기도 하지만 아이를 좋아하는 사람이라면 그런 모습조차 사랑스럽게 느껴질 거예요. 그렇게 사랑스럽고 밝은 아이들을 대하다 보면 저 역시 어느새 생기가 돌고 활기가 넘치는데요. 그렇다 보니 일을 할수록 아이들에게 에너지를 받고 있다는 느낌이 들어요. 울다가도 제 말에 생글생글 웃어주거나 진찰을 무서워하던 아이가 저를 잘 따라주면 아이들한테 고맙다는 생각까지 들 때도 있고요.

하루 중 상당히 많은 시간을 보내는 일터의 분위기가 밝고 안락하다는 점도 매력이라고 생각해요. 소아청소년과 병원의 인테리어를 보면 성인을 위주로 진료하는 병원과는 다르게 귀엽고 알록달록하죠. 사람 몸집만 한 큰 강아지 인형을 갖다 놓은 곳도 있고, 벽을 노란색으로 칠한 곳도 있어요. 친근하고 안락한 분위기를 통해 아이들이 재미있고 편안하게 진료를 받을 수 있도록 병원을 꾸며놓는 건데요. 밝고 예쁜

Job

진료실에서 매일 근무할 수 있다는 것도 저희들이 즐겁게 일할 수 있는 이유 중 하나예요.

소아청소년과의사는 아이를 데리고 내원하는 부모님과 소통하게 되는데, 이를 통해 한 가정과 밀접한 관계를 형성할 수 있어요. 친근하고 가까운 관계를 넘어 확대 가족으로서의 가족 구성원 중 한 명이 될 수도 있죠. 미국의 소아과의사 모리스 위젤은 서로 잘 알고 신뢰할 수 있는 누군가가 곁에 있다는 건 매우 중요한 일이며, 소아과의사는 사소한 질병이나 부상을 봐야 할 때가 많은데 그건 그들 가족과 좋은 관계를 형성하는데 커다란 기회가 된다고 말했어요. 그는 실제로 환자들의 입학식 즈음에는 격려 편지나 축하 카드를 쓰면서 진료 외적으로도 환자의 가족들과 유대를 쌓아가며 그들의 확대 가족이 되기를 자처했다고 하죠.

단점에 대해 알려주세요.

소아청소년과의 역사를 보면 더글러스 에비슨이 했던 말 중에 인상적인 말이 있어요. 소아의 질환을 연구하는 것은 성인의 질환을 연구하는 것과 너무나 다르다는 말이죠. 아이는 자기가 아픈 것을 정확히 이야기할 수 없어요. 자기가 얼마나 아픈지 어떻게 아픈지 어디가 아픈지를 정확하게 표현하지 못하죠. 심지어 보호자가 말하는 증상과 아이의 증상이 일치하지 않는 경우도 있고요. 그런 어려운 조건에서도 진찰과 검사를 통해 질환을 알아내야 하는 사람이 바로 소아청소년과 의사예요. 이런 점은 소아청소년과의사만의 자부심이자 단점이라고 생각해요. 소아청소년과의사는 아이를 둘러싼 상황을 종합적으로 이해하며 질병을 파악해 나가지만 모든 것을 정확하게 알아내는 일은 매우 어려운 일이죠. 게다가 단 하나만 놓쳐도 문제가 될 수 있고, 때로는 법적인 책임으로까지 연결될 수 있어요. 그렇기에 늘 면밀히 진찰하며 아이가 말하지 않는 부분까지 섬세하게 알아채는 능력이 필요해요.

한 가지 더 얘기하자면 우리나라는 2018년에 고령사회에 진입했으며, 2026년에는 65세 이상 인구의 비중이 전체 인구의 20%를 넘는 초고령사회에 진입한다고 해요. 이러한 고령화와 저출산 문제로 인해 소아청소년과가 대상으로 하는 영유아의 수가 줄어들 것으로 예측되고 있어요. 실제 2019년 1월 저출산 고령사회위원회에서는 지난해 우리나라의 합계출산율^{여성 한 명이 평생 낳는 아이 수}이 0.98명 수준에 그쳤다고 밝히기도 했죠. 기근도 없었는데 합계출산율 한 명 선이 무너진 국가는 아직까지 없었다고 해요. 저출산의 지속은 소아청소년 환자의 감소로 이어질 수 있으며, 이는 소아청소년과 병원의 운영을 어렵게 만드는 요인이 될 수 있죠.

진찰료 차등 수가와 같은 제도적인 문제도 있어요. 의사 한 명이 하루에 75명 이하의 환자를 보면 100% 보험 청구가 가능하지만, 75~100명을 보면 90%, 100~150명을 보면 75%, 150명을 넘게 보면 50%만 청구할 수 있다는 거예요. 보통 동네 소아청소년과의 경우 의사 한 명과 간호사 몇 명으로 운영되는 경우가 많은데, 하루 종일 열심히 100명의 환자를 진료하면 수가가 깎여 진료를 할수록 손해인 구조가 된다는 얘기죠. 이는 병원 운영을 어렵게 하는 문제가 아닐 수 없어요. 또한 다른 과에 비해 비급여 진료의 비중이 적고 보험 진료가 대부분을 차지하다 보니 환자 수로 매출이 결정되는데, 이는 결국 병원 진료 시간의 연장으로 이어지죠. 그런 이유로 휴일 없는 365병원이나 야간 진료도 가능한 병원으로 운영할 수밖에 없고, 이런 상황에서 개원한 경우 야간 근무 의사나 야간 근무 간호 보조 인력들을 구하고 유지하는데 늘 애를 먹고 있어요. 앞서 얘기한 건강보험 수가나 육아 상담료를 책정하는 데 있어 소아 진료의 위험도 반영 및 상대가치점수가 심도 있게 반영돼야 한다는 의견들이 있어요. 현재 육아 상담이나 유전 상담 등을 실시하려면 상당한 시간과 노력이 요구되지만 이에 대한 보상이 전혀 없는 상태이므로 소아 분야에서도 상담 분야를 세분화해 가산을 추진하자는 것이죠. 소아 환자는 성인에 비해 진료 시간은 물론 시설 투자 및 의료사고에 대한 위험부담도 크기 때문에 이에 대한 가산이 검토되어야 하거든요. 예를 들어 MRI 촬영을 하더라도 성인과 달리 진정을 할 때 소아전문간호사를 투입해야 하고. 나아가 어린 만큼 성인에 비해 의료사고가 발생하기 쉬우며. 의료사고 발생 시에도 부작용에 대한 보상 등 위험부담이 크죠. 이러한 목소리가 계속해서 나오고 있으니 정부에서도 문제를 인식하고 개선의 의지를 보여주었으면 해요.

기억에 남는 사건이나 환자가 있나요?

전공의 2년 차 때 두 달간 신생아 중환자실 파트에서 근무한 적이 있어요. 신생아 중환자실에는 미숙아나 고위험 신생아, 중증질환이 동반된 만삭아들이 입원해있는데요. 그런 아이들은 여러 계통의 합병증을 동반한 경우가 많아 정밀 경과 관찰과 치료가 필요하죠. 매일 새벽 6시부터 20명이 넘는 환아들의 섭취량과 배설량, 피검사 결과, 혈압이나 맥박과 같은 활력 징후 등을 차트에 정리해서 적고 나면 교수님과 함께 아침 회진을 돌아요. 이후엔 다시 각 아이들에게 약 처방을 내고 보호자 면담을 하고요. 그리고 점심시간 후 다시 회진을 준비하고 오후 회진을 돌죠.

그런 생활을 하던 중 체중이 400g밖에 되지 않는 성준이라는 아이를 만났어요. 신생아 중환자실에 있던 어떤 환아들보다 재태주수와 체중이 적은 만큼 더 많은 합병증을 가지고 있었고 예후 역시 불량했죠. 늘 여러 가지 검사를 해야 했고, 가끔은 수술도 하고 두 시간마다 소변량도 챙겨야 했어요. 볼펜 한 자루 정도밖에 되지 않는 작은 몸집에 신부전이 심해서

배에는 늘 복수가 차 있고, 이뇨제를 투여해야만 소변량을 맞출 수 있는 환아였거든요. 새벽에도 소변량을 체크해야 해서 잠 한번 제대로 못 잤지만 인큐베이터 밖에서 볼 수 있는 날이 오기를 고대하며 성준이를 응원하고 열심히 치료했어요. 두 달간의 근무가 끝나 그 후에는 볼 수 없었지만 아직도 가끔 성준이 생각이 나요. 전공의 시절의 순수한 열정으로 온 정성을 다해 치료해서인지 기억에 많이 남네요.

어릴 적부터 일곱 살이 될 때까지 아토피 피부염이 너무 심해 한 번도 수영장에 가보지 못했던 아윤이도 종종 생각나요. 몸이 수영장 물에 닿으면 너무 따가워서 가족들이 수영할 때도 밖에서 쳐다만 보고 있던 아이였죠. 그러던 아윤이가 2년 전부터 면역치료를 하고 나서는 얼굴도 매끈해지고 수영장에 가서 물놀이도 할 수 있게 되었어요. 또래의 아이들처럼 수영을 하게 되었다고 좋아하는 모습을 보니 정말 기쁘고 보람 있더라고요. 또, 제가 다니던 병원을 그만두고 이직을 해야 할 때가 있었는데요. 진료를 받고 난 후 약국에 가서 제가 그만둔다고 울었다던 세 살짜리 유준이도 기억에 많이 남네요. 그 얘기를 듣고 저도 눈물이 나서 진료실에서 혼자 울기도 했어요. 이런 기억들을 하나둘 떠올리다 보니 제 인생이 더 행복하게 느껴지네요.

편 병원을 찾는 환자들은 보통 어디가 아파서 방문하나요?

1차 의원이나 병원에는 크게 기침, 콧물 등의 호흡기 증상이나 구토, 복통, 설사, 변비 등의 위장관 증상을 가진 환자가 주로 내원해요. 진찰 후에 기관지염, 폐렴, 중이염, 축농증, 모세기관지염, 비염, 천식, 아토피 피부염, 장염, 변비 등의 진단을 내리고 치료를 하게 되죠. 정밀검사나 치료가 필요하다고 생각되는 경우에는 상급종합병원에 의뢰하기도 해요.

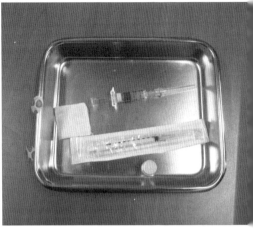

다른 과와 달리 영유아 접종 및 검진을 시행하는 것도 주요
업무 중 하나이고요.

편 환자가 어린아이다 보니 진료하기 힘든 부분도 많을 것
같아요. 아이들을 잘 다루는 노하우가 있을까요?

얼마 전 미국 캘리포니아에서 소아과의사로 재직 중인 로
버트 해밀턴 박사가 유튜브에 우는 아기 달래는 법을 공개했
어요. 영상을 보니 그는 아기의 양팔을 가슴에 모으고 엉덩이
뒤쪽으로 손을 넣은 뒤 다른 손으로는 턱을 받쳐 위아래로 천

천히 흔들더라고요. 박사의 손길이 편안했는지 아이는 울음을 뚝 그쳤고, 이 모습을 지켜보던 부모는 깜짝 놀랐죠. 소아청소년과의사들은 어린아이들을 진료하다 보니 이런 식의 노하우를 한두 개씩은 가지고 있어요. 유소아들의 경우 협조가 잘되지 않고 진료 시 겁을 내는 일이 많기 때문이에요. 어떤 상황이든 요령 있게 대처하면서 신속하고 정확하게 진찰을 해야 하므로 소아청소년과의 경우 특히 숙련된 전문의의 진료가 필요하죠.

저 같은 경우 진찰을 하다 보면 청진시에 심호흡을 시켜서 확인해야 하는 경우가 있는데, 이럴 때에는 바람개비를 이용해 심호흡을 유도하면서 청진을 하기도 해요. 유소아의 귀는 성인의 귀와 구조가 다르기 때문에 고막을 진찰해야 할 때는 외이도에 들어가기 쉽도록 귀를 후하방으로 잡아당기고요. 그렇게 하면 쉽게 고막을 진찰할 수 있죠. 그리고 다른 진찰을 하던 중에 아이가 입을 벌리고 우는 경우가 있는데, 이때 진료 마지막에 구강 안쪽을 관찰하면 억지로 입을 벌리게 하지 않아도 쉽게 볼 수 있어요. 구토 증상이 있는 아이들은 설압자로 혀를 세게 누르면 구토를 할 수 있기 때문에 부드럽게 다루고요. 꼭 어떤 틀에 맞춰 진료하기보다는 진료받는 아

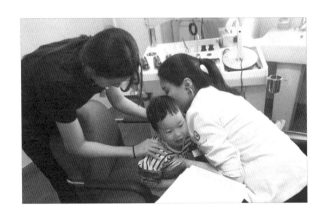

이의 상황에 따라 요령 있게 잘 대처하는 게 중요하죠. 가끔, 진찰 후 보호자에게 주의사항 등을 설명할 때 진료실 안에서 아이가 보이는 행동을 관찰하기도 해요. 아이들은 진찰할 때는 긴장하더라도 진료가 끝나면 긴장을 풀고 편한 상태로 진료실 안의 장난감이나 주변 물건들을 만지면서 쳐다보는데, 이럴 때 외사시 등을 발견하기도 하거든요.

편 선생님을 힘들게 하는 환자가 있다면, 어떤 아이인가요?

중이염 여부를 확인하기 위해서는 반드시 고막을 확인해야 하는데요. 다른 병원에서 귀를 진찰하다 찔린 이후로 절대

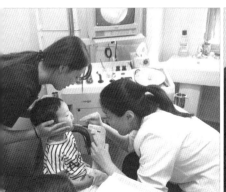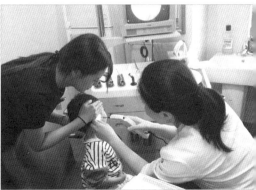

귀를 보여주지 않으려는 아이가 있었어요. 그때 정말 애를 먹었죠. 그런 식으로 꼭 필요한 진료에 협조해 주지 않는 아이들을 만나면 좀 힘들어요.

편 보호자 때문에 힘든 경우도 있을 것 같아요.

맞아요. 환자 때문이 아니라 보호자 때문에 힘든 경우도 있죠. 몇 주간 타 병원에서 진료를 본 것에 대해 신뢰가 가지 않는다고 호소하는 보호자들이 간혹 있는데, 당시에 제가 직접 진찰을 한 것이 아니기 때문에 이전의 진단에 대해 '맞다, 틀리다'를 판단할 수는 없어요. 시일이 지남에 따라 증상이 달라지는 질병인 경우는 특히 더 그렇고요. 저는 그럴 때 아이가 잘 낫지 않거나, 의사의 성향과 맞지 않는 게 아니라면 한 병원에 꾸준히 다니면서 경과를 지켜보고 상의하는 것이 치료에 도움이 되는 경우가 많다고 조언해요. 한의원에 다니다가 와서 제가 알지 못하는 얘기를 늘어놓는 분도 있었는데, 한의학은 제가 공부한 분야가 아니라 그럴 때면 뭐라 답하기도 참 곤란하죠.

편） 선생님도 환자가 되어본 적이 있나요?

네. 저도 아프면 병원에 가서 진료를 받아요. 전에 교통사고가 났을 때는 정형외과에 가서 X-ray를 찍고 물리치료를 받았고, 코감기에 걸렸을 때는 이비인후과에 가서 후비루가 있는지 확인하고 약을 처방받았죠. 제 자신을 제가 진찰하기는 어렵기도 하고, X-ray 같은 검사기구나 적외선 치료기 등이 필요할 수도 있기 때문에 증상에 해당하는 전문과에 내원해 진찰을 받고 있어요.

편） 보호자의 학대가 의심되는 경우에는 어떻게 대처하나요?

우리 법에서는 직무의 수행 과정에서 아동과 밀접하게 접촉하는 종사자를 아동학대 신고의무자로 규정하고 있어요. 의료법에 의하면 의료기관의 장과 그 의료기관에 종사하는 의료인 및 의료기사 역시 아동학대 신고의무자로 명시되어 있고요. 이들은 아동학대 범죄를 알게 되거나 의심이 되는 경우 즉시 112번으로 신고해야 하죠. 알고도 신고하지 않거나, 의심이 드는데도 신고의무를 이행하지 않은 경우 과태료가 부과돼요.

044
045

진료하다가 어려움이 생기면 어떻게 하나요?

진료하다가 어려움이 생기는 경우는 크게 두 가지 정도예요. 첫 번째는 혼자 힘으로 처치가 어려운 경우인데 이때는 다른 사람에게 도움을 요청해요. 예를 들어 예방접종을 하러 온 아이가 주사를 맞기 전에 심하게 울면서 저항을 하게 되면 간호사 몇 분이 와서 잡아야 하는 경우도 있죠. 갑작스럽게 호흡 곤란이나 심정지 등이 발생하여 심폐소생술을 해야 하는 경우도 있는데, 심폐소생술을 하다 보면 다른 의료진이 필요하기 때문에 '코드블루'라는 안내방송을 통해 도움을 요청해요. 코드블루는 심정지 환자 발생 시 의료진 출동을 명하는 응급 코드예요. 이 밖에도 지진 등 재난사고가 발생하면 '코드 블랙', 아동 유괴로 의심되는 상황이 발생하면 '코드 핑크', 병원에 유해 물질이 살포되면 '코드 오렌지', 병원에 화재가 나면 '코드 레드' 등 색깔별로 응급 코드를 설정해놓았으며, 상황이 발생하면 이를 발동해 함께 대처하게 되어 있어요. 두 번째는 진찰하는 과정에서 진단과 치료가 어려울 때예요. 질병의 경과상 질병의 특징이 처음부터 모두 나타나는 것은 아니기 때문에 초반에 내원한 경우 바로 확진하기는 어려울 때가 있거든요. 또, 보다 세부적인 검사와 치료가 필요한 질병인 경우도 있는데 그런 경우에는 상급종합병원에 의뢰해요.

편 응급상황에 대처하는 매뉴얼이 있나요?

대표적인 응급처치로는 기본소생술 과정과 이물에 의한 기도 폐쇄 시 응급처치 방법 두 가지가 있어요. 의료인이 시행하게 되는 소아 기본소생술 과정은 몇 가지 차이가 있긴 하지만 기본적으로는 일반인을 위한 기본소생술과 거의 유사해요. 의료인들의 경우 혼자 구조하기보다는 대부분 팀으로 활동하게 되고요.

기본소생술은 호흡이 없거나 껄떡거리는 양상의 심정지 호흡을 보일 경우 시행하는데요. 가장 먼저 호흡과 맥박을 동시에 확인하고, 가슴을 압박해요. 소아의 경우 가슴뼈의 아래쪽 1/2지점을, 영아의 경우 젖꼭지 연결선 바로 아래의 가슴뼈 부위를 압박하면 돼요. 가슴 두께의 최소 1/3 이상을 분당 100회에서 120회 압박하고요. 구조자가 1인인 경우 가슴 압박을 30회 한 후 인공호흡을 2회 실시하며, 구조자가 2인인 경우에는 가슴 압박을 15회 한 후 인공호흡을 2회 실시하죠.

흔히들 질식이라고 알고 있는 이물에 의한 기도 폐쇄에 대해서는 구체적으로 설명해드릴게요. 우리 주변에서 종종 발생하는 상황이라 미리 알아두면 도움이 되거든요. 이물 흡입으로 사망하는 경우의 90% 이상이 5세 미만에게서 발생하며, 이중 65%는 영아에서 발생해요. 영아는 주로 액체 성분을 흡입하다 질식에 이르며, 소아는 풍선이나 작은 물건, 음식물 등의 흡입으로 인해 질식하는 경우가 많죠. 이물에 의한 기도 폐쇄의 임상 증상은 갑작스러운 호흡곤란과 기침, 구역질, 그렁거림이며 천명음이 동반돼요. 열이나 호흡기 증상 없이 갑자기 발생하는 것이 다른 원인의 호흡곤란과 감별되는 점이죠.

경미한 경우 소아는 기침을 하거나 소리를 낼 수 있지만, 심한 경우 기침을 할 수 없으며 소리도 내지 못해요. 경미할 때는 스스로 기침을 해서 기도에 막힌 것을 뱉을 수 있게 하고 증상이 심해지는지 지속적으로 감시해야 해요. 심하거나 경미했다 심해진 때에는 1세 이상 소아의 경우 가로막 아래 복부 밀어내기 방법을, 영아의 경우 5회의 등 두드리기와 5회의 가슴 밀어내기 방법을 이물이 나오거나 의식이 없어질 때까지 시행하고요. 영아는 갈비뼈가 상복부 장기를 충분히 보호하지 못하고 간이 상대적으로 크기 때문에 복부 밀어내기 방법을 사용할 경우 내부 장기의 손상 우려가 높아 시행하지 않고 있어요.

환자의 반응이 없거나 이물 제거 도중 반응이 없어진 경우 심폐소생술을 시행하는데요. 가슴 압박 후 인공호흡을 하기 전 입안을 들여다보고 이물이 보이면 손가락을 사용해 이물을 꺼내요. 입안에 이물이 보이지 않는다면 손가락을 넣어 이물을 빼내려고 하면 안 돼요. 이러한 행위는 이물을 인두 내로 더 깊게 밀어 넣거나 인두에 손상을 줄 수 있기 때문이죠. 두 번의 인공호흡 후 이물이 제거될 때까지 가슴 압박과 인공호흡 과정을 반복해요.

편 진찰하다가 병명을 잘 모르겠다 싶은 경우도 있나요? 그럼 어떻게 하세요?

발진이 생기고 나서 바로 병원에 내원한 아이들은 발진 양상이 명확하지 않다 보니 바로 확진하는 것이 어려울 때도 있어요. 전문의로 봉직 생활을 처음 시작했을 때는 이런 경우 경과에 따라 병명이 달라질 수 있음을 설명해주지 않아 고생을 했던 적도 있었죠. 한 살 전후 아이에게 잘 생기는 돌발진은 3일간 고열이 심하게 나다가 열이 떨어지면서 몸에 발진이 퍼지는 것을 말하는데요. 열이 시작된 첫날에 온 아이를 보고 돌발진이라고 확진을 내리기는 어려울 수 있죠. 그래서 초기 증상으로 내원한 환자의 보호자에게는 의심되는 질병을 모두 설명해줘요. 주의해서 보아야 할 증상들도 알려주고, 그런 증상이 나타나면 다시 병원에 내원하도록 안내하고요. 그럼 대부분 잘 이해해주세요.

편 오진을 한 경우 의사는 어떻게 되나요?

전문적 지식과 경험에 따라 최선의 결과를 도출하기 위해 노력하고 있지만 때에 따라 위험을 예견하거나 회피할 수 없는 상황이 발생할 수 있어요. 의료 행위를 할 때 상당한 주의의무를 다했다고 하더라도 환자의 특이한 체질이나 원인을 알 수 없는 제3의 요인에 따라 얼마든지 생명과 신체에 나쁜 결과가 발생할 수 있거든요. 의료 행위와 이로 인해 발생한 의료사고 간의 인과관계는 대부분 불분명한데, 이는 과실로 판단되는 의료 행위의 위험이 모든 의료 행위에 해당하는 통상적인 위험인지 명확하지 않기 때문이에요. 결론적으로 얘기해 법률에 의해 범죄로 규정되어 있지 않는 이상 업무상 과실에 따른 결과만을 근거로 형사처분을 내리는 것은 원칙적으로 불가능해요. 대법원 판례를 봐도 일반적으로 의사가 오진을 했다고 해서 바로 고의나 과실이 있다고 할 수 있는 것은 아니며, 고의나 과실로 인해 오진을 했다는 증명이 있어야 한다는 판결을 내린 바 있고요.

<편> 일을 잘 수행하기 위해 따로 노력하고 있는 것이 있나요?

본래 전공의의 수련과정은 각 분과별 교수들이나 선배 의사들의 입원 환자 진료 및 외래 진료를 통해 세부적으로 배울 수 있는 기간이에요. 하지만 전문의 자격을 취득한 후 상급종합병원이 아닌 일반의원이나 병원에서 근무하게 되면, 특별한 경우가 아니고는 다른 의사들의 진료를 참관하기가 어렵죠. 그래서 저는 지금도 대학병원에 근무하고 있는 분과별 교수님이나 개원해서 병원을 운영하는 같은 과 선배들, 그리고 필요하면 피부과나 이비인후과와 같은 다른 과 의사들에게 부탁해서 그분들의 진료를 참관하기도 해요. 참관을 통해 제가 평소 진료할 때 놓치는 것은 없는지 비교해보고, 새로운 방법이나 좀 더 좋은 방법이라고 생각되면 배우기도 하죠.

또한 앞서 얘기했듯이 각종 학술대회나 연수강좌가 있으면 강의를 들으러 가요. 각 학술대회나 연수강좌에는 연수 평점이라는 것이 있어서 꼭 필요한 것이기도 하죠. 의료법상 의사는 매년 연수교육을 이수해야 하고, 3년마다 필수과목 이

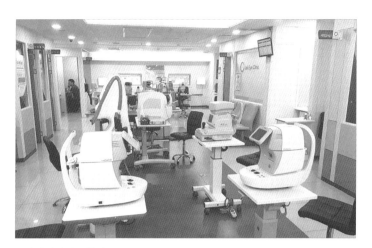

지인의 안과 진료 참관

대한소아과개원의협회 모임

수 평점 2점을 포함한 연수 평점을 합산하여 의사면허를 다시 신고하도록 의무화되어 있거든요. 연수교육을 이수하지 않을 경우 면허신고가 반려될 수 있고, 보건복지부로부터 행정처분을 받을 수도 있어요. 이렇게 의사면허 신고를 위해 학회에 참여하기도 하지만 평소 관심을 가졌던 분야나 부족한 부분을 보충하고 공부하기 위해 참여하기도 하죠.

편 특별히 관심을 가지고 공부하는 분야가 있나요?

상급종합병원이라고 불리는 대학병원의 소아청소년과의사들은 소아청소년심장과나 소아청소년알레르기·호흡기과와 같이 따로 세부 전공이 있어요. 주로 전공과 관련된 환자를 진료하고, 환자를 보면서 임상적으로 연구한 것을 논문으로 쓰게 되죠. 그렇지만 1차 의원이나 대학병원보다 작은 규모의 2차 병원에 근무하는 전문의들은 세부 전공이 없는 경우가 많아요. 사실 1차 의원이나 2차 병원에 내원하는 환자들의 증세는 매우 다양하기 때문에 특정한 한 분야를 공부하기보다는 자주 접하게 되는 증상이나 평소에 관심이 있던 분야를 자발적으로 연구하게 되죠.

저 같은 경우, 육아 방법이나 이유식, 식습관 등 실생활

과 직접적으로 연관된 부분이나 아이들의 심리에 관심이 많아요. 아픈 아이를 잘 보는 것도 중요하지만 아이가 밝고 씩씩하게 자라도록 도와주는 것도 중요하다고 생각하거든요. 실제로 진료를 하다 보면 증상을 약으로 치료해야 하는 것이 아니라, 심리적인 측면을 살펴보고 그에 맞는 치료를 해야 하는 경우도 있고요. 병이 아이를 둘러싼 가족이나 가정의 상황과 연관되어 나타나기도 하니까요. 미네소타 의대 교수인 찰스 앤더슨 앨드리치Charles Anderson Aldrich는 아동 행동발달에 관

한 미국 최초의 의대 연구소인 메이요 클리닉을 설립한 학자
인데요. 그의 책『아이도 인간이다: 아동 성장과 낡은 수유법
에 대한 한 해석』은 아동의 질병을 다스리기 위해서는 의사도
영·유아와 청소년의 일상적 심리와 행동을 알고 이해해야
한다고 말하고 있어요. 그런 문제의식으로 아동행동연구소를
설립했다고 하고요. 이 책 또한 저에게 영향을 주어 아이들의
심리와 행동에 대해 더 관심을 가지게 되었죠.

편 애로 사항이 있나요?

아이가 진찰을 받거나 예방접종을 할 때 힘들어하는 것은 충분히 있을 수 있는 일이라 생각했기 때문에 개인적으로 그런 부분이 힘들진 않아요. 그보다는 아이가 증상이나 불편함을 표현하는 것에 한계가 있다 보니 사소한 증상이라도 긴장하면서 진료하게 되는데, 그런 점이 좀 힘들죠. 성인은 기본적인 의료지식을 갖고 있으며 본인의 자각증상에 대한 호소가 명확한데 비해 아이는 그렇지 못하잖아요. 보호자가 말하는 것보다 실제 아이 상태가 훨씬 심각한 경우도 있어요. 몇 년 전에 한 초등학생 아이가 호흡 불편 증상이 있다며 내원한 적이 있었어요. 보호자는 천식인지 걱정되어 왔다고 했는데, 진찰과 검사를 해보니 1형 당뇨로 인한 케톤산증으로 확인되었죠. 이전까지 건강하게 지내던 아이라 보호자는 단순히 호흡이 이상하다고만 생각해 흉부 X-ray를 찍어볼 생각에 내원했는데요. 만약 보호자 말만 듣고 판단해서 세심하게 질문하지 않았더라면 진단이 늦어 케톤산증이 더 진행될 수도 있었어요. 그럼 아이는 심한 탈수와 대사이상으로 인한 혼수, 사

056
057

망까지 갈 수 있는 상황이었죠. 보호자가 말하는 증상을 잘 듣는 것도 중요하지만 적극적인 자세로 아이에게 꼼꼼하게 물어보고 전체적인 상황을 판단해야 해요. 그러기 위해서는 평소에 의학지식이나 환자에 대한 경험을 충분히 쌓아야 하겠고요.

편 매일 아픈 사람만 만나면 우울해지지 않나요?

과에 따라 혹은 의료기관의 종류에 따라 정도의 차이가 있겠죠. 예전에 요양병원에 근무할 기회가 생겼어요. 다양한 치료 경험을 쌓아두면 환자를 진료하는 데 도움이 될 거라 생각해 일부러 근무를 해보았는데요. 제가 근무했던 곳엔 완치가 힘들거나 치료 기간이 오래 걸리는 만성 질환을 가진 노인들, 거동을 거의 할 수 없어서 일상생활이 불가능한 코마 상태의 환자들이 주로 있었어요. 언제 완치될지 확실하지도 않고 침대에만 누워있어야 하는 환자들을 매일 마주하다 보니 치료를 하면서도 늘 마음 한편이 무거웠던 기억이 있어요. 그렇지만 소아청소년과는 유소아들이 주로 내원하며, 특히 제가 지금 근무하는 1차 의원이나 일반 병원에서는 주로 호흡기 증상이나 상하부 위장관 증상으로 내원하는 경우가 많다 보니 약이나 주사로 치료되는 경우가 대부분이에요. 열심히 치료하다 보면 아이들의 건강이 좋아지는 것이 눈에 보이니 우울하기보다는 보람 있다는 생각이 많이 들죠.

편 의사는 힘든 직업일 것 같아요. 스트레스는 어떻게 해소하나요?

저는 진료하다가 답답한 일이 생기면 부모님께 털어놓고 의논을 하기도 해요. 같은 직업을 가진 분들은 아니지만 환자나 동료 직원 등 사람 간의 의사소통에서 생기는 문제들은 인생 선배이신 부모님께서 해주시는 조언과 격려가 많은 도움이 되거든요. 때론 친구들이나 가족들과 야외로 나가 맛있는 음식을 먹는 것이 도움이 될 때도 있지만, 피곤할 때는 나가면 오히려 더 스트레스가 심해지더라고요. 그래서 피로가 쌓이면 집에서 충분히 휴식을 취해요. 푹 쉬거나 깊은 잠을 자고 나면 중요하지 않은 일들은 금방 잊히기도 하니까요. 동료 의사들의 경우 운동을 하거나 여행을 다니면서 스트레스를 푸는 친구들도 있어요.

편 힘들다고 중간에 그만두는 사람은 없나요?

연세 때문에 은퇴하는 분은 봤지만 의사 생활이 힘들어서

직업 자체를 포기한 사람은 아직까지 보지 못했어요. 힘들어서 전공을 바꾼 분들이 있긴 하지만요. 병원에 따라 근무 강도가 다르긴 하지만 대체적으로 전공의를 하는 4년간은 매우 힘든 시기예요. 특히 첫해인 1년 차에는 업무량도 많다 보니 그때 그만두고 타 과로 가 다른 전공을 시작한 동료가 몇 있었죠. 소아청소년과 전공의 1년 차의 하루 일과를 소개해드리면 실감이 좀 날 것 같네요.

| 08:00 | 기상, 출근 후 입원환자들 경과 점검, 오전에 시행한 검사 체크, 밤새 응급실에 입원한 환자가 있으면 History부터 새로 파악 |

기상, 출근 후 입원환자들 경과 점검, 오전에 시행한 검사 체크, 밤새 응급실에 입원한 환자가 있으면 History부터 새로 파악
- 전날 당직인 경우는 6시에 기상, 전날 오프인 경우는 6시까지 출근하여 회진 시작

Chief와 치료 방침 결정

담당 교수와 병동 회진

회진 시 결정된 입원환자 처방 내기
- 근무하는 도중에 Primary Call이 오면 담당 간호사에게 환자에 대해 보고받고, 필요하면 처방을 내주거나 직접 환자 상태를 확인하러 가야 함. 이것은 전공의 1년 차의 가장 핵심적인 업무로 환자의 경과를 면밀히 파악하는 데 있어 가장 중요한 일이며, 회진 시 상급 연차 및 담당 교수에게 보고하고 상의함

병동 환자나 외래에 내원한 환자들이 검사를 하러 검사실로 이동할 때 함께 이동하고, 필요시에는 검사하는 동안 Keep하며 응급상황 발생 시 조치해야 하는데 이것은 소아청소년과 전공의만의 특이사항일 수 있음

점심식사

오후 회진, 기존 입원환자 점검, 외래와 응급실을 통해 새로 입원한 환자가 있으면 History 파악하고 입원 시 시행한 검사 결과 확인

Chief와 치료 방침 결정

담당 교수와 병동 회진

회진 시 결정된 입원환자 처방 내기

저녁 식사

다음 날 심도자술, 골수생검 등의 시술이나 MRI 등의 검사를 위해 수면마취를 해야 하는 경우 시술할 환자의 보호자와 면담하고 시술 동의서를 받아둠

당직이 있는 날에는 병동이나 응급실에서 Call을 받고 진찰, 처방, 처치, 치료, 시술 시행, 콘퍼런스 자료 만들기 등을 준비

어떤가요? 일과표만 봐도 하루하루가 굉장히 바쁠 것 같지 않나요? 실제로 대한전공의협의회가 전국의 수련병원에서 근무하는 전공의 660여 명을 상대로 조사한 설문 결과에 따르면, 응답자의 81.1%가 평소 수면 부족 상태로 지낸다고 해요. 또 이와 같은 수면 부족으로 인해 업무를 하는데 불안감을 느낀

다는 전공의도 32.6%나 되었고요. 이렇게 빡빡하고 고된 생활 때문에 힘에 부쳐 다른 과로 가는 경우가 가끔 있죠.

편 힘들고 어려운 길을 걸어오셨네요. 그 길을 걸어 여기까지 올 수 있었던 원동력은 무엇인가요?

가장 큰 원동력이라면 저 스스로에 대한 욕심일 거예요. 다른 사람들에게 도움이 되고 싶고, 보다 좋은 사람이 되고 싶다는 욕심이요. 그런 마음 덕분에 힘들어도 참고 앞으로 나아갈 수 있었다고 생각해요. 더불어 저를 믿고 용기와 의욕을 북돋워준 많은 분들이 있었기에 가능한 일이기도 했어요. 레지던트 수련 기간 중 1년 차 때에는 중환이 많은 파트에서 일을 했는데, 일이 익숙지 않다 보니 아무리 열심히 해도 일은 쌓이고 잠도 두 시간 정도밖에 자지 못하는 날이 많았죠. 나름대로 최선을 다해 열심히 했는데, 다음 날 꾸중을 듣기도 했고요. 그런 일이 생기면 자존감은 떨어지고 자신감도 없어지게 되죠. 그래서 중도에 그만둬야겠다고 생각한 적도 있었어요. 그런 저를 가족들뿐만 아니라 당시 지도 교수님들까지도 격려와 사랑으로 이끌어주셨어요. 진심 어린 격려를 받고 열심히 하다 보니 1년 차 말에는 교수님의 추천을 받아 병원

전체에서 우수 전공의 상도 받게 되었어요. 고마운 분들이죠.

편 의학 드라마를 보면 의사들 간의 상하 관계가 굉장히 엄격하던데요. 실제로도 그렇게 엄격한가요?

대학병원과 같이 규모가 큰 종합병원은 조직적으로 구성되어 있고, 여러 의사들과 함께 근무하게 돼요. 직급이나 경력에 따라 상하관계가 명확히 구분되어 있고, 그에 따라 업무를 나누어 담당하고 있고요. 의사 역시 일반 직장인처럼 사무

이달의 모범 전공의

소아청소년과
R1 최민정

교육연구부
인턴 김동현

적인 내용도 처리하지만, 대부분이 환자의 치료와 관련된 것
이라 경력이 많지 않은 후배 의사들은 선배 의사와 의논을 하
며 치료 방향을 결정해야 하죠. 그러다 보니 선배에 대한 의
존도가 높아지고, 상하관계가 다소 엄격해지는 경향이 있다
고 생각해요.

편 성취감을 느끼는 순간이 있나요?

의사는 환자를 연구하고 치료하는 것이 주된 업무라고 할 수 있는데, 이 두 가지 업무를 잘 해냈을 때 성취감을 느끼게 되죠. 연구한 것을 논문으로 발표하고, 이러한 논문이 유수한 학회에서 채택되거나 SCI^{Science Citation Index, 과학기술논문 인용색인} 급의 논문집에 실릴 때 큰 성취감을 느끼는 사람도 있겠고요. SCI에 등재된 논문 중 10년 동안 인용 빈도가 상위 0.1%에 속할 경우 국제적 영향력을 지닌 최우수 논문으로 평가되며, 최근 2년 내 발표된 논문 중 상위 0.1%는 핫페이퍼^{Hot Paper}라 부를 정도로 세계적으로 그 권위를 인정받고 있거든요. 전공의 때 쓴 제 논문도 SCI 급의 논문집에 실린 적이 있어요. 해외 학회에서 포스터가 채택되어 초청을 받아 다녀오기도 했고요. 굉장히 뿌듯했죠.

그래도 의사라면 누구나 환자들이 치료를 받고 경과가 좋아질 때 가장 큰 보람을 느낄 거예요. 소아혈액종양과에 입원했던 급성백혈병 환아가 완치 판정을 받거나 신생아 중환자실에서 입원치료를 했던 고위험 신생아가 건강한 상태로 퇴

원할 때처럼 예후가 좋지 않고 치료가 어려운 상황이었는데 치료 후에 좋은 결과를 얻으면 그것만큼 기쁘고 보람 있는 일이 없더라고요. 지금은 1차 의원에서 근무하고 있는데요. 여기에서 만난 친구들 중 오랫동안 기침 때문에 치료를 받았는데 저희 병원에 와서 완쾌된 아이, 만성 피부질환 중 하나인 아토피 피부염으로 오랫동안 고생했는데 치료를 받고 호전되

어 편하게 일상생활을 하게 된 아이의 모습을 볼 때 의사로서
의 보람과 성취감을 느낄 수 있었죠.

의사를 꿈꿨던 때와 실제 의사가 된 후 가장 크게 달라진 점이 있다면요?

편 의사를 꿈꿨던 때와 실제 의사가 된 후 가장 크게 달라진 점이 있다면요?

사실 의사가 되기 전에는 환자 치료만 열심히 하면 되는 줄 알았어요. 학교에서 배우고 공부한 대로만 치료하면 된다고 생각했고요. 그런데 실제로 의사가 되고 나니 책에 나온 것만으론 치료가 어려운 경우도 있고, 치료 외에도 현실적인 문제가 많다는 걸 알게 되었죠. 특히 의사들이 개원을 하게 되면 진료뿐만 아니라 병원 경영 전반에 관여해야 하기 때문에 직원 관리나 세무, 마케팅 등 의과대학에서 배우지 않았던 것들도 해내야 하죠.

의료수가라는 것도 의사가 되기 전에는 몰랐어요. 의료수가란 환자가 의료기관에 내는 본인부담금과 건강보험공단에서 의료기관에 지급하는 급여비의 합계를 말해요. 환자가 의료기관에서 진료를 받고 나면 의료기관은 총 진료비 중 일부를 환자에게 받고 나머지는 건강보험심사평가원에 청구해 받게 되는데요. 건강보험심사평가원에서는 이렇게 청구된 환자의 진료 내역을 확인하여 건강보험법의 기준과 원칙에 따라 올바르게 청구되었는지 심사하고 평가하죠. 그 결과에 따라 청구된 내역이 삭감되거나 아예 받을 수 없는 경우도 생기고요. 예를 들어 코데인이라는 성분이 들어있는 기침약은 몇 년 전부터 만 12세 미만 환아에게 처방하면 삭감되죠. 성인용 해열제를 12세 미만 아이에게 처방하는 경우 심사, 평가 후에 삭감될 수 있고요. 의료수가는 매년 달라질 수 있기 때문에 의료 정책과 제도는 계속해서 확인해야 할 필요가 있어요. 환자 치료뿐만 아니라 의료수가와 같은 제도적인 부분도 살펴야 한다는 것이 의사 생활을 하면서 새로이 알게 된 점이에요.

편 어떤 마음의 자세로 일하세요?

작은 차이가 큰 차이를 만들 수도 있다는 생각을 항상 해요. 이것은 작은 부분조차 소홀히 지나치지 않겠다는 진료의 세심함을 의미하기도 하고, 제 개인적으로 갖는 완벽주의 성향이기도 하죠. 진료 시 중요치 않은 부분이라고 해서 소홀히 하거나 긴장을 늦추게 되면 보호자와의 신뢰가 깨질 수도 있어요. 크게는 사고로까지 이어질 수도 있고요. 다른 과도 마찬가지겠지만 소아청소년과는 특히 더 세심함을 필요로 하기 때문에 늘 마음에 새기면서 일하고 있어요.

편 환자를 대할 때 특히 신경 쓰는 부분이 있다면요?

저는 소통과 전달에 신경을 많이 써요. 제가 설명하려는 내용이 의학적인 내용이기 때문에 전문적인 내용을 환자나 보호자가 쉽게 이해할 수 있고, 정확히 전달되도록 애쓰고 있죠. 때에 따라 미리 준비해놓은 그림이나 사진을 보여주면서 설명하기도 하고, 필요하면 책을 펼쳐놓고 말하기도 해요. 진단명이나 처방한 약에 대해 집중적으로 알려드릴 때에는 종이에 쓰면서 설명하고, 필요하다면 메모로 적어주어 귀가 후에도 잊어버리지 않도록 하고요.

특히, 돌 이전의 아이가 첫째 아이인 경우에는 보호자의 육아 경험이 부족할 수 있기 때문에 기본적인 내용들도 자세히 설명해줘요. 예를 들어 해열제 복용방법이나 이유식 방법 등에 대해 알고 있는지 확인하고 잘 모르는 부분이 있다면 설명해주죠. 설명을 마치고 나서는 제가 얘기한 내용이 확실히 전달되었는지도 확인하고요. 그리고 환자 각각의 특이점에 대해 꼼꼼히 기록해둬요. 약의 부작용뿐만 아니라 아이들의 개별적인 특징, 선호하는 약의 맛이나 제형까지 자세히 기록해두면 다음 내원 시에 참고할 수 있죠. 과거력은 물론 개인적인 사항을 정리해 두고 활용하면 확실히 도움이 되더라고요.

편 아이들과 소통하는 나름의 노하우가 있나요?

아이들은 자기를 예뻐하는 사람이 누구인지 아는 것 같아요. 눈을 맞추며 아이가 하는 말에 귀 기울이고 대답을 해주다 보면 마음을 여는 것 같고요. 때로는 제가 예쁜 모습을 하면 좀 더 좋아할까 싶은 생각에 신경 써서 준비하는 날도 있죠. 그렇게 해도 주사 맞는 것은 여전히 무서워하지만요. 사

Job

실 아이들이 주사를 맞을 때가 제일 관건인데요. 아주 어린아 이라면 주사 맞는 상황에 집중하게 하기보단 인형이나 다른 것들로 주의를 분산시켜 덜 긴장하게 해요. 취학 전 아이들에 게는 주사를 맞아야 친구들과 학교에 갈 수 있다고 하면서 달래기도 하고요. 실제로 초등학교 입학 전에 DTaP, 폴리오, MMR, 일본뇌염 접종 여부를 확인하고 있으며, 반드시 접종을 해야 입학이 가능하거든요.

소아청소년과
의사란

의사라는 직업에 대해 간단히 소개해주시고
소아청소년과의사에 대해 구체적으로 알려주세요

편. 의사라는 직업에 대해 간단히 소개해주시고 소아청소년
과의사에 대해 구체적으로 알려주세요.

의사란 사전적인 의미로 일정 자격을 가지고 병을 고치
는 것을 직업으로 하는 사람을 말해요. 그중에서도 소아청소
년과의사는 아이들의 발육과 발달 체크 및 소아청소년의 질
환에 대한 치료와 예방을 전문으로 하는 의사예요. 소아청소
년을 대상으로 각종 혈액검사나 영상검사 등을 실시하여 질
병을 찾아내고 적절한 치료와 처방을 하죠. 세부 과목에 따라
다양한 과 로 나눠 진료하고 있으며, 소아청소년의 정상적인
성장발달을 위해 영유아 검진을 실시하고, 질병의 예방을 위
해 예방접종 등의 업무도 담당해요.

소아청소년과에는 소아청소년심장과, 소아청소년신장과, 소아청소년내분비과, 소아
청소년호흡기·알레르기과, 소아청소년감염과, 소아청소년소화기·영양과, 소아청소년혈
액·종양과, 소아청소년신경과, 신생아과가 있어요.

소아청소년과의사만 해도 세부 과목이 여러 가지로 나뉘네요. 의사의 전공도 매우 다양하죠?

편 소아청소년과만 해도 세부 과목이 여러 가지로 나뉘네요. 의사의 전공도 매우 다양하죠?

맞아요. 구체적으로 살펴보면 크게 기초의학과 사회의학, 임상의학 이렇게 세 분야로 나뉘는데요. 기초의학은 주로 의과대학 저학년 때 배우며, 임상의학은 병원에서 실제로 환자를 대상으로 치료가 행해지는 분야예요. 앞에서 소아청소년과는 여러 가지 세부 과목으로 나뉜다고 했는데요. 이와 마찬가지로 임상의학에도 분과가 있고, 상급종합병원이라는 대학병원에 가면 분과에 맞게 세부적으로 진료를 받을 수 있어요. 더 구체적인 구분은 뒤의 표를 참고하세요.

편 소아만을 전문으로 진료하는 의사가 정말 필요한가요?

김 그럼요. 소아만 전문으로 진료하는 의사는 꼭 필요하다고 생각해요. 소아는 성인의 축소판이 아니라는 얘기가 있는데요. 이 말은 제가 일하는 소아청소년과 분야에서도 유효해요. 소아는 어른과 유병률도 다르고 생길 수 있는 질환 자체

해부학, 생화학, 분자생물학, 세포생물학, 생리학, 면역학, 병리학, 약리학,
조직학, 발생학, 미생물학, 기생충학, 예방의학

공중위생학, 법의학, 병원관리학

내과, 신경과, 정신과, 외과, 정형외과, 신경외과, 흉부외과, 성형외과,
마취통증의학과, 산부인과, 소아청소년과, 안과, 이비인후과, 피부과,
비뇨기과, 영상의학과, 방사선종양학과, 진단검사의학과, 결핵과, 재활의학과,
가정의학과, 응급의학과, 병리과, 핵의학과, 산업의학과

도 많이 다르거든요. 예를 들어 5세 미만 아이들에게는 중이
염이 잘 생기기 때문에 같은 감기라 하더라도 귀를 잘 봐줘야
하죠. 또한 생후 1개월 된 아기가 밤에 자지 않고 보챈다면
영아 산통에 대해서도 고려를 해야 해요. 5세 이전의 아이가
열성경기를 한다면 별문제가 되지 않지만, 5세가 넘어서 생
기는 열성경기는 추가 검사를 해야 하는 경우가 있고요. 이런
식으로 연령대별로 생길 수 있는 질병을 고려해 아이를 진찰
하고 치료해야 하는 경우가 많기 때문에 소아만 진료하는 의
사는 꼭 필요하다고 봐요. 소아를 많이 진료할수록 의사는 임
상경험이 풍부해지고, 경험이 늘수록 아이들을 더 잘 진료할
수 있게 되겠죠.

편 아이들도 어른들이 가는 병원에 가서 진료를 받을 수 있나요?

네. 실제로 초등학생 이후의 아이들 중 일부는 내과나 이비인후과 같은 곳에 가서 치료를 받기도 해요. 그렇지만 5세 미만인 경우는 대부분 소아청소년과로 가죠. 연령별로 생기는 질환의 특성들에 대해 다른 과 의사들은 잘 알지 못하기 때문에 가능하면 소아청소년과에 가는 것이 좋을 거라고 생각해요. 게다가 아이들의 경우 약의 용량을 개인의 몸무게에 맞춰 처방해야 하는데, 세심하게 처방하지 못하거나 아이들이 먹으면 졸음 등의 부작용이 생기는 약을 처방하는 경우도 간혹 있어요. 그러니 가능하면 소아청소년과를 방문하는 것이 좋겠죠?

편 성인과 달리 소아의 경우 주의 깊게 살펴야 하는 증상이 있을까요?

특별히 잘 살펴야 하는 증상이 있다기보다는 모든 증상을 꼼꼼히 확인하는 게 중요해요. 우선 부모는 보호자이자 관찰자가 되어 일상생활을 해 나가면서 평소와 다른 점은 없는지 잘 살펴야 하죠. 예를 들어 식사는 잘 하는지, 활력이 있는지 없는지, 대소변의 양이 너무 적지는 않은지 등을 자세히 봐야해요. 사소한 변화도 알아채기 위해서는 보호자와 아이 사이에 깊은 친밀감과 심리적 유대감을 형성하는 것이 무엇보다 중요하죠. 의사 역시 보호자가 호소하는 증상을 듣고 추정 진단을 한 후 그에 해당하는 증상들을 빈틈없이 체크해 나가야해요. 예를 들어 대소변을 가리지 못해 기저귀를 하는 아이의 경우에는 기저귀를 몇 번이나 갈았는지, 잘 잤는지, 유난히 떼를 쓰지는 않았는지 등을 하나하나 질문하며 파악하는 것이죠.

편 아이들의 경우 아픈데도 말하지 않거나 아프지 않은데 아프다고 하는 경우가 있던데요?

그런 경우도 있다는 것을 감안하고 진료를 해야겠죠. 특히 배가 아프다고 내원하는 아이들이 많은데, 복통의 경우 심리적인 요인인 경우도 있어요. 이때는 보호자에게 그간의 정황을 구체적으로 질문하여 최근에 일어난 변화에는 무엇이 있는지 면밀한 대화를 나누는데요. 그러다 보면 심리적인 이유로 배가 아프다고 하는 경우 감별이 용이하겠죠. 청진기를 대고 진찰만 해서는 알 수 없는 부분이 있잖아요. 그런 한계를 넘기 위해 마음 상태까지 고려하며 진료하는 것이 저희 소아청소년과의사만이 할 수 있는 역할이라고 생각해요.

편 병원 역시 동네에 있는 의원부터 난이도가 높은 치료를 하는 전문병원까지 매우 다양하잖아요. 의료기관의 종류도 궁금해요.

의료기관에는 의원과 병원, 종합병원, 상급종합병원, 요양병원, 전문병원 등이 있어요. 이러한 의료기관은 어떻게 구분할까요? 먼저 입원환자 20명 이상을 수용할 수 있는 시설을 갖춘 기관을 병원으로, 이에 미치지 못하는 기관을 의원으로 구분하고 있어요. 100개 이상의 병상과 7개 또는 9개 이상의 진료과목, 각 진료과목에 전속하는 전문의를 갖춘 의료기관을 종합병원이라고 하고요. 이러한 종합병원 중 20개 이상의 진료과목과 각 진료과목마다 전속하는 전문의를 두고 중증질환에 대하여 난이도가 높은 의료 행위를 전문적으로 하는 경우 소정의 요건을 갖추면 상급종합병원으로 지정될 수 있어요. 다음으로 요양병원은 의사 또는 한의사가 의료를 행하는 곳으로 요양환자 30인 이상을 수용할 수 있는 시설을 갖추고 의료 서비스 제공을 목적으로 개설된 의료기관을 말해요. 일반 병원과 달리 의사나 간호사의 법정 배치 기준은 완화하고 대신 사회복지사나 물리치료사를 추가로 배치하도록 한 것이 특징이죠. 요양 시설은 의료 서비스보다는 노인의 수발을 제공하는 것을 목적으로 하고요. 마지막으로 전문병원이 있는데요. 전문병원은 병원급 의료기관 중에서 특정 진료과목이나 특정 질환 등에 대하여 난이도가 높은 의료 행위를 하는 병원으로 보건복지부 장관이 지정해요. 보건복지부가 국민들이 양질의 의료 서비스를 제공하는 의료기관을 선택할 수 있도록 하기 위해 2009년 1월 의료법을 개정해 전문병원 제도를 도입했죠.

📧 한방병원과는 어떤 차이가 있을까요?

진단 방법과 치료 방법에 있어서 근본적으로 차이가 있어요. 한의사는 환자의 얼굴색이나 피부 윤기, 혀 등을 눈으로 관찰하는 망진, 환자의 말이나 호흡, 기침 등의 소리를 듣는 청진, 환자의 질병 발생 과정 및 증상을 묻는 문진, 맥을 짚어보거나 신체를 눌러보는 절진 등의 방법을 통해 병을 진단한다고 해요. 그 증세에 따라 한약과 침술, 한약재를 처방하여 탕약으로 달이거나 침, 뜸, 부항, 물리치료, 수기요법 등을 사용하여 치료하고요. 반면 저희들은 문진과 신체검진 시행 후 필요시 혈액검사를 하거나 X-ray, 초음파, CT, MRI와 같은 영상검사를 통해 질병을 진단하죠. 항생제 등의 경구약과 주사약을 투약하거나 시술 또는 수술 등으로 치료하고요.

편 구체적으로 어떤 일을 하나요?

저는 지역 개원의인데 5세 이전의 어린이들, 특히 유치원이나 어린이집에 다니는 아이들을 주로 진료하고 있어요. 많이 보는 질환들은 콧물 기침이나 모세 기관지염, 중이염 같은 상기도 질환과 장염이나 구토, 설사 같은 위장 증상들, 요로 감염, 알레르기 질환, 피부질환 등이죠. 물론 이런 질환이 발생하면 피부과나 이비인후과에 가기도 하지만 5세 미만의 아이들인 경우 어떤 한 증상만이 아니라 계통적으로 봐야 하는 증상이 있기 때문에 소아청소년과에 오는 것이 좋겠죠. 예를 들어 아토피 피부염으로 온 환자를 단순 피부염으로 보는 것이 아니라 알레르기를 가지고 있지는 않은지 가족력은 없는지 등 여러 항목을 세심하게 체크하고 두루 살피는데요. 그래서인지 어린 자녀를 둔 많은 보호자들은 주로 소아청소년과를 찾고 있죠.

저처럼 개원한 의사는 진료 외에 본인이 선택한 다양한 일을 하기도 해요. 예를 들어 학회나 지역사회에서 활동하거나 진료가 필요한 곳에서 봉사를 할 수도 있죠. 대학병원에서 교수를 겸하는 의사들은 진료뿐만 아니라 연구를 하고 논문을 쓰는 일도 중요한 일 중 하나예요. 그래서 상대적으로 개원의 보다는 진료하는 시간이 적지만 논문도 써야 하고 진료 이외의 활동도 겸해야 하죠. 대학병원의 소아청소년과는 여러 과로 나뉘어 있으며, 각 분과의 업무는 뒤의 표를 참고하세요.

편 아이들에게서 주로 발생하는 질환이 최근에는 많이 달라졌을 것 같은데요?

차 맞아요. 예전에는 천연두가 크게 유행한 적이 있었고, 먹고살기 어렵던 시절에는 영양결핍이나 비위생적인 생활습관으로 인한 질환들이 발생하기도 했어요. 예를 들어 1900년대 초에는 파상풍이 문제가 되었는데요. 아이가 태어날 때 제대혈을 잘라줘야 하는데, 그때 케어가 잘 이루어지지 않아 상처 부위에서 파상풍균이 자라 감염되는 일이 많았죠. 최근에는 그러한 세균성 질환들은 줄어든 반면 바이러스 질환들이 부각되고 있어요. 또한 늘어난 해외여행으로 인해 외국에서 병이 유입되기도 해요. 얼마 전에도 홍역이 유입되어 홍역 환자가 급증한 적이 있었죠.

세균 감염이나 바이러스 질환, 결핵 등의 다양한 감염 질환을 다루며, 가와사키병이나 다양한 면역 결핍성 질환 환자들도 진단하고 추적 관리해요. 소아기 류머티즘 관절염과 소아기 피부근염, 신생아 루푸스, 전신홍반루푸스 환자도 치료하고요.

소아 및 청소년에게서 발병된 성장장애, 갑상선, 부신질환, 당뇨병, 비만증 및 성 발달과 관련된 내분비질환을 진료해요.

소아와 청소년 연령에서 발생하는 소화기계 질환과 영양 관련 문제를 담당해요. 주로 소아의 간담 췌장 질환 분야와 상하부 위장관 질환 분야에 대해 진료하죠.

뇌전증을 비롯한 다양한 소아 신경학적 질환 및 발달장애, 신경계 감염, 신경계 퇴행성 질환, 사립체세포병증, 신경근육장애, 운동장애, 수면장애 등의 소아 신경 질환을 진료해요.

신증후군, 급성사구체신염, 전신홍반루푸스, 요로감염증, 선천성 요로 이상, 방광요관역류, 야뇨증, 유뇨증, 만성 신부전 등 주요 신장 질환의 진단과 관련된 특수검사 및 신장 조직 검사 등을 시행하며 치료해요.

소아나 청소년에게 흔한 기관지천식, 알레르기성 비염, 아토피 피부염, 두드러기, 음식물 알레르기 등의 알레르기 질환과 기관지염, 기관 기관지염, 만성 기관지염, 세기관지염, 폐렴 등 호흡기 질환을 치료해요.

출생 후 정상 신생아들이 입원하는 신생아실과 미숙아, 고위험 신생아, 중증질환이 동반된 만삭아들이 입원하는 신생아 집중치료실을 운영해요. 각종 첨단 장비를 이용해 신속한 검사와 치료를 시행하죠. 태아부터 신생아까지를 대상으로 전문적인 진단이나 치료 및 상담 등을 행하여 고위험 신생아의 생존율을 높이고 합병증을 줄이며 퇴원 후에도 지속적인 발달과 성장을 도모하기 위해 애쓰고 있어요.

태아 심장 기형을 진단해요. 선천성심장병의 초음파 진단 및 심혈관조영술, 중재적 시술을 시행하죠. 소아 부정맥의 진단 및 치료, 가와사키병, 폐동맥 고혈압, 심근증, 흉통, 실신, 소아심장이식, 성인 선천성 심장 질환을 진단하고 치료하죠.

발생 빈도가 높은 소아 혈액종양인 백혈병과 악성림프종, 윌름종양, 신경모세포종 등을 주로 진단하고 치료해요.

편 소아과와 소아청소년과의 차이는 무엇인가요?

2007년 3월 의료법 개정안이 국회를 통과하여 62년간 사용하던 소아과라는 명칭이 소아청소년과로 변경되었어요. 이로써 현재 소아청소년과에서는 신생아기부터 청소년기의 환자를 대상으로 진료와 연구를 하고 있죠. 청소년기라 하면 대체로 남자의 경우 12세부터 20세까지를, 여자의 경우 10세에서 18세까지를 말하고요.

편 소아청소년과에서 진료하는 대상이 청소년기까지라고 했는데요. 어른도 소아청소년과에서 진료를 받을 수 있다고 들었어요.

내과와 소아과를 나누는 기준이 따로 있는 건 아니어서 병원마다 각각 다를 수 있는데요. 우리나라 상급 의료기관에서는 대개 만 15세를 기준으로 소아청소년과와 내과를 구분하여 진료하고 있고, 상급 의료기관이 아닌 1차나 2차 병원의 소아청소년과에서는 성인을 대상으로 한 내과 질환을 함께 진료하는 곳도 많아요. 해외에서는 만 18세 또는 21세까지 소아청소년과에서 진료를 하고 있기도 하고요.

언제 어떻게 이 직업이 생겼는지 궁금해요.

편 언제 어떻게 이 직업이 생겼는지 궁금해요.

의 의사가 직업인으로서 기능한 것은 고대 그리스 로마시대부터예요. 그렇다고 당시에도 지금처럼 전문 의료기술을 이용해 병을 치료한 것은 아니었고, 초기의 의사들은 단순한 치유자의 역할만 수행했어요. 사회적 지위와 자율권을 가진 현대적 의미의 전문직은 중세의 대학과 길드 조직으로부터 생겨났죠. 이 시기 전까지 의학은 최소한의 치유 능력만을 가지고 있었어요. 소수의 집권층을 위해서만 행해졌고 일반 대중에게는 영향을 미치지 못했고요. 그러다 차츰 대학과 길드 조직을 통해 전문적인 지식과 기술을 익힌 사람들이 배출되었죠. 18세기에 들어와서는 의사들이 의업을 단순한 영리수단으로 생각하지 않고 천직으로 삼아 숭고한 이상을 지니고 환자를 대하기 시작했어요. 의사법이 제정되고 사회적 지위가 확립되었고요. 19세기 중반까지 대부분의 선진국에서는 의사들이 전문직 단체인 의사협회를 세우고, 정부를 설득하여 의료 행위에 대해 독점권을 인정해주는 의사면허를 만들었죠. 이때부터 의사라는 직업의 전문성이 더욱 확고히 자리 잡게 되었어요. 우리나라의 경우 조선 말기에 미국인 선교사 알렌의 요청으로 광혜원이라는 최초의 근대 의료기관을 설치했다고 해요. 문을 연지 13일 만에 제중원으로 이름을 바꾸었고요. 당시 병으로 인해 아픈 사람이 많았고, 천연두와 같은 질병 때문에 죽는 사람들도 많아 알렌이 의료기관을 만들면 좋겠다고 고종에게 건의를 한 것이죠. 그렇게 세워진 광혜원이 지금 세브란스 병원의 전신이에요.

편 소아청소년과의 역사와 발전도 궁금해요.

정 고대부터 중세까지 소아과는 독립된 학문적 위치를 가지기보다는 인체의 질환을 다루는 과정에서 신생아나 소아와 관련된 부분에서만 단편적으로 언급되는 수준이었어요. 그러다 19세기에 들어서면서 서서히 독립된 의학의 한 분야로 발전하기 시작했고, 소아 병원이 설립되기 시작했죠. 1802년에는 프랑스에 서양 최초의 소아 병원인 Hôpital des Enfants Malades가 개원하였고, 1852년에는 영국에서도 The Hospital for Sick Children이라는 소아 병원이 개원했어요. 1855년에는 미국에서 Children's Hospital of Philadelphia 등의 소아 병원이 개원했고요.

우리나라의 소아청소년과 역사는요?

앞서 얘기한 광혜원에 소아만을 진료하는 소아과가 따로 있었던 것은 아니었어요. 하지만 소아과 도입의 필요성이 제기되는 결정적인 계기가 생겼죠. 당시 천연두가 크게 유행해서 2세 전 아이들의 50%가 죽었다고 해요. 그리고 남은 아이들 중 20%는 4세 이전에 천연두로 인해 죽었고요. 천연두라는 질병 하나만으로 그렇게나 많은 아이들이 죽게 되는 것을 안타까워한 알렌은 아이들을 위한 예방접종의 필요성을 더욱 절실히 느꼈고, 소아 진료와 예방접종에 특별히 신경을 썼다고 하죠. 그게 아마도 소아과 도입의 시초가 아닐까 싶어요. 그렇지만 확실하게 분리되어 있지는 않은 채 시간이 흘렀고, 1900년대 초반에 이르러 세브란스병원에서는 소아과를 전담할 사람이 필요해 더글러스 에비슨을 소아과 교수로 임명했어요. 소아과 교수로 부임한 더글러스는 한국에서 높은 유아 사망률과 유아 집단의 예방 가능한 질환에 대해 자각해야 할 필요성을 제기했어요. 이를 위해 부모에게 교육을 시켜야 하며, 의료인들이 그 교육을 담당하고 전문적인 수련을 받아야 한다고 주장했고요.

ALLEN MEMORIAL HALL

편 역사에서 중요한 인물로 소개되는 소아청소년과의사가 있을 것 같은데요?

알라지$^{Al-Razi}$는 근대적 관점에서 볼 때 역사상 가장 뛰어난 의사 가운데 한 사람이며, 중세 이슬람 시대의 가장 위대하고 영향력이 큰 의사였어요. 이라크의 수도 바그다드에서 의학을 공부한 후 고향인 레이로 돌아와 병원을 경영했는데, 인정이 많고 관대해 가난한 사람들을 치료하고 보살피는데 힘썼다고 해요. 그는 소아과와 안과 등의 의학 분야에

큰 업적을 남겼는데 특히 소아에게서 주로 발생하는 천연두와 홍역을 세계 최초로 구분하여 기술했죠. 소아과 질환에 대한 최초의 책으로 인정받고 있는 『Bagallarder's Little Book on Disease in Children』을 출간한 이탈리아 의사 폴 바겔라드[Paulus Bagellardus]도 역사에서 중요한 인물로 다뤄지고 있어요. 소아과의 선구자이자 아버지라고 불리는 아브라함 자콥[Abraham Jacobi]은 19세기 중반에 소아 과학 전반에 대한 기틀을 다졌어요. 그는 독일인이지만 1861년 미국 뉴욕에서 소아 병원을 개원하였고, 외국인으로는 최초이자 유일하게 미국 의학회 회장을 역임할 정도로 미국 의학 특히 소아 과학 전반에 큰 영향을 미쳤죠.

편 우리나라 사람 중 최초의 소아청소년과의사가 누구인지 아세요?

답 우리나라 사람 중 최초의 소아청소년과의사는 구영숙 선생님이세요. 1892년에 황해도 황주에서 태어난 선생님은 열 살이 되기 전에 고아가 되는 바람에 평양으로 가 상점의 점원을 하며 고학으로 학교에 다녔어요. 그러던 중 미국 하와이로 이민을 가는 가족을 알게 되어 그 가족의 일원으로 함께 하와이로 떠나게 되었죠. 그곳에서 조지아주 엑스퍼드대학 예과를 수료한 후 에모리대학교 의과대학을 졸업하고 스물여덟에 의사가 되었어요. 의사가 되어 다시 한국으로 돌아와 개성 남성병원에서 2년간 근무하다 다시 평양 기홀병원으로 옮겨 그곳에서 진료를 했죠. 평양에 간지 얼마 되지 않아 세브란스 의학전문학교에 소아과학교실이 창설되었는데, 그곳의 책임자가 되어달라는 요청을 받고 미국 인디애나폴리스대학으로 가 2년 동안 소아과를 전공하고 돌아왔어요. 그리고 초대 주임교수로 취임하여 미국식 교육제도를 도입해 발전시켰죠. 그런데 일제강점기 때 조선총독부가 일본어로 강의할 것을 강요하여 교수직을 사임하고, 서울 서대문에 구소아과의원을 개원하여 다시 아이들을 진료했어요. 1949년에는 초대 보건부 장관에 임명되어 3년 반 동안 일했으며, 장관으로 재임하던 중 세계보건기구 총회 한국 대표와 국제적십자총회 한국 대표로 참석하기도 했어요. 후에는 대한적십자사 총재로 부임하기도 했고요. 이처럼 한국 최초의 소아청소년과의사였을 뿐만 아니라 사회활동도 폭넓게 한 분이죠.

편 병원에서 함께 일하는 직원들의 업무에 대해서도 두루 알아야 하나요?

다른 분야의 구체적인 업무까지 알 필요는 없겠지만 진료와 관계된 기본적인 것들은 알고 있으면 좋아요. 환자에게 치료에 관해 설명할 때 직접 필요한 내용은 아니지만 환자와의 소통에서 필요한 경우가 있거든요. 예를 들어 종합병원에는 영상검사실이 한정적인데 여러 과에서 검사를 의뢰하기 때문에 검사실의 스케줄은 늘 여유가 없죠. 환자에게 검사 처방만 낸다고 끝나는 것이 아니라 검사실에서 검사 예약을 확정해 주어야 환자가 검사를 받을 수 있는데요. 환자들은 보통 의사가 검사 처방을 내면 바로 검사실에 가서 검사를 받을 수 있는 것으로 오해하는 경우가 많아요. 그런 경우 환자가 오해하지 않도록 검사 처방 시 종합병원의 시스템에 대해 잠깐이라도 설명을 하면 상황을 이해하고 편하게 검사 일정을 기다리게 되죠. 이처럼 서로의 업무 중 기본적인 정보는 공유되어야 환자에게 더 원활한 서비스를 제공할 수 있겠죠.

편 병원 내에서 이루어지는 협업, 함께 일하는 이야기를 들려주세요.

종합병원에서는 주 증상이나 주 진단에 맞는 과에 환자를 입원시키긴 하지만 부 증상, 부 진단의 문제에 대해 치료가 필요할 경우 그에 맞는 과에 협진을 의뢰해요. 특히 신생아 중환자실에는 미숙아나 고위험 신생아, 중증질환이 동반된 만삭아들이 입원하는데요. 그중 미숙아들은 재태주수에 따라 합병증 이환율이 높아지므로 증상에 맞는 여러 가지 검사들이 필요하게 되고, 그 상태에 따라 치료를 요하는 경우가 많다 보니 여러 과와 협진을 하게 되죠.

예를 들어 출생체중이 1,500g 미만이거나 재태주령 30주 미만으로 출생한 미숙아는 미숙아 망막증 감별을 위해 안과 협진을 통해 망막 검사와 치료를 해요. 출생 시 심잡음이 들리는 경우는 소아청소년심장과 협진으로 심초음파를 통해 심장 구조와 기능을 확인하는데, 진단에 따라 흉부외과 협진으로 수술을 하거나 소아청소년심장과에서 심도자술을 하게 되죠. 신장 기능이 미숙해 급성신부전 등으로 상태가 악화되는 환자들도 있는데, 환자의 상태에 따라 소아청소년신장과 협진을 통해 혈액 투석을 하기도 하고 소아외과 협진을 통해 복막 투석을 하기도 해요. 감염에 취약하여 항생제를 사용하게 될 때에는 혈액배양검사 결과에 따라 소아청소년감염과 협진으로 항생제를 선택하기도 하고요. 뇌실내출혈, 뇌실주위 백질연화증은 재태주령과 출생체중이 적을수록 발생 빈도가 높아지므로 미숙아 출생 시에 초음파를 통해 확인하고 필요시에는 소아청소년신경과와 함께 경과를 관찰해요.

편 외국의 소아청소년과의사와 다른 점이 있을까요?

일단 우리나라와 다르게 미국 소아과에서는 일차적으로 예방적인 스크리닝에 주안점을 두는 게 특징이라고 해요. 스크리닝이란 환자가 이야기하지 않아도 문진 등을 통해 다른 문제는 없는지 찾아내는 것을 말해요. 예를 들어 기침 때문에 내원한 환자가 있다고 해봐요. 기침으로 왔지만 환자가 십 대라면 이 나이에 있을 수 있는 문제에 대해 의사가 스크리닝을 하는 거죠. 보통 성병이나 마약류, 자살과 관련된 문제를 스크리닝을 통해 알아내요. 학교 폭력이나 비만, 아동학대, 가족문제, 우울증 등 정신과 질환, ADHD 등도 마찬가지고요. 문제가 파악되면 2차, 3차 병원의 분과 전문가들과 협력 프로그램을 통해 주기적으로 의논하게 되고요. 이러한 협동 진료가 매우 활성화되어 있으며, 부모의 개입을 중시해 보호자에게도 아이의 상황에 대한 설명을 충분히 하고 있어요. 때론 환자의 알 권리를 고려해 가족 및 환자 당사자와의 미팅을 주선하기도 하고요. 우리나라처럼 단순히 환자를 진료하고 처방하는 것이 아니라 심층적이고 다면적인 접근을 하는 거죠. 대신 하루에 보는 환자 수가 우리나라에 비해 매우 적어요. 하루 동안 우리나라에서 환자 100명을 본다고 했을 때 미국에선 10~15명을 보죠. 적은 수의 환자를 오랜 시간 할애해 전면적으로 파악할 수 있는 것은 의료수가 자체가 우리나라와 다르기 때문에 가능한 일이에요. 미국은 의료비가 비싸잖아요. 그런 식의 차이가 있어요.

편 다른 나라의 의료제도도 궁금해요.

먼저 영국에는 National Health Service라는 의료 체계가 있는데요. 이는 국가의 일반재정에서 경비를 충당함으로써 모든 국민에게 포괄적인 의료 서비스를 무료로 제공하는 시스템이에요. 의료 이용 형평성이나 바람직한 1차 의료의 기능 수행, 국민 의료비 부담 감소와 같은 장점들이 있지만, 의료 절차의 지연이나 의료 서비스의 질 저하 등에 대해서는 그 단점을 보완해야 한다는 목소리가 높아요.

미국은 민간의료보험을 기본으로 운영되던 체계에서 1960년대 중반에 공보험이 도입되었어요. 그렇지만 전체 의료보장체계에서 민간의료보험이 차지하는 비율이 56%로 민간의료보험 시장이 주도적인 역할을 담당하고 있죠. 취약계층을 위해서는 공보험보장제도를 운영하고 있고요. 2014년에는 버락 오바마 대통령이 주도하는 의료보험 시스템 개혁 법안인 오바마케어가 시행되었는데요. 이는 민영보험에만 의존하는 기존 의료보험 시스템을 바꾸고, 전 국민의 건강보험 가입을 의무화하는 내용을 골자로 하고 있어요. 즉, 미국 내 저소득층 무보험자를 건강보험에 가입시키고 중산층에 보조금을 지급해 의료비 부담을 낮추기 위한 정책이죠.

호주의 경우 개개인이 가입한 민간의료보험에만 의존하던 의료보장체계에서 1984년 보편적 보장을 달성하기 위한 목적으로 공보험인 메디케어가 도입되었어요. 공보험이 존재하지만 민간의료보험에 가입하면 이를 통해 공공병원 또는 민간병원을 이용할 수 있고 의사를 선택할 수 있는 등 환자의 선택권이 넓어지는 이점이 있어 민간의료보험 가입을 장려하고 있죠. 정부에서는 공보험과 민간의료보험이 공존하는 시스템을 유지하기 위해서 민간의료보험의 가입률이 감소하면 가입 장려정책을 활발하게 펼치는 등 상황에 맞는 정책적인 노력을 기울이고 있어요.

우리나라의 보건 의료제도를 보면, 전 국민을 대상으로 의료보험료를 청구하고 받아 정해진 예산 범위 내에서 모든 국민들의 의료에 관여하게 되는데요. 이로 인해 정부의 정책이나 제도가 의료 분야에 미치는 영향이 매우 크죠. 반면, 미국의 의료 행위는 자율에 맡겨져 있으며 기업과 공공기관 등의 근로자들은 민간조합을 만들고 민간보험에 가입하여 의료 서비스를 받고 있어요. 즉, 미국은 전 국민이 직장이나 조합 등에 연계되어 있는 민간보험회사의 건강보험에 가입하여 혜택을 받게 되는 것이죠. 실제 미국 소아과의사가 환자 한 명을 본다고 했을 때, 검사를 한 가지도 하지 않고 15분간 진료를 본다면 보통 개인 부담 비용과 보험사 부담 비용을 합해 300달러 정도가 들어요. 우리나라라면 같은 조건인 경우 개인이 부담하는 비용이 3천 원, 건강보험공단에서 부담하는 비용이 만 원으로 책정되어 있으니 비용 면에서 많은 차이가 나죠. 이는 우리나라 환자 26명을 보는 비용과 같다고 해요. 다시 말해 미국 소아과의사가 15분 동안 환자 한 명을 진료하고 받는 비용은, 우리나라 소아청소년과의사가 환자 26명을 진료해야 받을 수 있는 비용과 같아요. 이와 같은 상황은 의사의 급여에 영향을 주고 있으며, 진료의 자율성이나 질적인 부분에도 차이를 줄 수 있다고 생각해요.

편 남녀 비율은 어떻게 되나요?

　통계에 따르면 2018년 12월 31일을 기준으로 소아청소년과의사 총 6,923명 중 남자는 3,651명, 여자는 3,272명이에요. 거의 비슷하죠.

편 수요는 많은가요?

출산율은 감소했지만 요즘 가정에서는 아이를 적게 낳아 기르는 대신 양육을 하고 건강을 돌보는 데 있어 질을 높이려는 경향이 강하기 때문에 소아청소년과의 중요성은 더욱 강조되고 있어요. 그런 경향이 계속된다면 저출산 문제가 있다 하더라도 소아청소년과의사는 계속 필요하겠죠.

편 현역에 있는 소아청소년과의사는 몇 명인가요?

2018년 통계에 따르면 당시 소아청소년과 전문의는 6,923명이었어요. 2006년에는 4,723명이었는데 2010년에는 5,501명, 2014년에는 6,158명으로 꾸준히 늘어왔죠.

편 미래에도 필요한 직업인가요?

답 4차 산업혁명은 AI, 로봇기술, 생명과학, 빅데이터 등 첨단 정보통신기술이 경제, 사회 전반에 융합되어 혁신적인 변화를 이루게 하는 차세대 산업혁명을 말해요. 이는 의료분야에도 영향을 주어 환자는 보다 신속하고 정밀하게 진찰을 받을 수 있게 되고 예방관리 또한 가능하게 되겠죠. 동시에 우리 사회는 점점 더 고령화가 되고 그럴수록 복지가 중요시될 거예요. 그러다 보니 노령화나 의료 정보와 관련된 직업이 유망 직종이 된다고 해요. 의사와 같은 직업은 전망이 밝지 않다는 얘기도 있고요. 그렇지만 아이가 계속 태어나는 한 소아청소년과의사는 필요해요. 한 아이의 건강 상태와 질병은 연령과 상황에 따라 해석하고 치료해야 하거든요. 소아청소년과의사는 단순히 치료만 하는 것이 아니라 아이와 심리적, 정서적인 유대관계를 맺고 있어요. 아이 하나가 아니라 아이를 둘러싼 가족 전체의 개념으로 접근해야 할 때도 있고요. 인공지능이나 빅데이터로는 대체할 수 없는 감성적인 접근과 종합적으로 바라보는 포괄적 판단이 필요한 일이죠. 특히 앞서 소개한 미국의 진료 시스템처럼 한 인간을 전인적으로 파악해 나가는 진료는 인간만이 가능한 접근 방법이라고 생각해요. 첨단 정보통신기술만으론 해결할 수 없는 가치적, 통합적 진료가 무엇보다 중요한 과이기에 소아청소년과의사는 미래에도 반드시 필요할 거라 생각해요.

편 앞서 얘기했던 환자와 맺었던 유대관계에 대해서도 소개해주세요.

환자는 아이 한 명이지만 아이는 혼자 병원에 오지 않죠. 부모는 물론이고 할머니나 할아버지가 데리고 오는 경우도 있어요. 제가 단순히 진찰을 하고 처방만 했다면 그분들에게서 진심 어린 감사 인사를 받거나 그 관계에 애틋한 감정을 느끼지는 못했을 거예요. 제 자신이 이 동네의 건강 지킴이라는 생각을 가지고 정성을 다해 아이를 돌보았기 때문에 아이 가족들의 애정 어린 마음을 받을 수 있었죠. 병원에 온 아이들이나 보호자는 의사가 얼마만큼 환자를 위해 정성을 쏟고 애착을 가지는지 피부로 느낀다고 생각해요. 그 태도를 보고 환자는 의사를 더 믿고 따르게 되고 이는 치료 반응에 영향을 준다고 믿고요. 저신장 문제 때문에 내원하는 아이들이 종종 있는데요. 저 같은 경우 이 아이들에게 단순히 성장 호르몬 주사를 놓는 것이 아니라 성장판을 자극할 수 있는 운동을 권유하며 잘 하는지 어려운 점은 없는지 체크하죠. 예를 들어 줄넘기를 하루에 천 개씩 하고 일기를 써오라고 하는 거예요. 물론 하기 싫은 날이 있을지도 모르니 그런 날은 하지 말고 그냥 오라는 얘기도 해주고요. 의사가 애정과 관심을 가지고 해주는 조언을 들은 아이들은 하루 줄넘기 천 개라는 큰 일을 모두 수행해오죠. 주사만 맞는다고 키가 쑥쑥 크지는 않아요. 잠도 규칙적으로 자야하고, 보조적으로 운동도 해줘야 성장판이 자극되어 키 크는 데 도움이 되는 것이죠. 그렇지만 매일 운동을 한다는 게 성인이나 아이나 쉽지는 않잖아요. 그럴수록 옆에서 응원하고 관심을 가져주는 게 필요하다고 생각해서 더욱 신경을 써주고 있어요.

얼마 전에도 저신장 문제로 온 중학생 남자아이가 있었어요. 작은 키가 너무 큰 고민이라 넉넉하지 않은 형편인데도 병원을 찾았죠. 다른 병원에서는 이미 성장판이 많이 닫힌 상태라 치료를 해줄 수 없다고 했대요. 이 아이처럼 성장판이 거의 닫힌 경우 기대효과가 매우 적어요. 그렇지만 완전히 닫힌 건 아니기에 저는 남아 있는 부분에 가능성을 열어두

고 시작했는데, 그 사실만으로도 아이의 엄마가 굉장히 고마
워하더라고요. 이 아이에게도 줄넘기 운동 처방을 했는데요.
너무 하기 싫은 날은 진료 시간 언제든 나를 찾아오라며 격려
와 응원을 해줬어요. 그랬더니 이 친구가 천 개를 다 해오더
라고요. 그리고 몇 달 동안 10cm 가량이 자랐죠. 저신장 호르
몬 주사 요법이란 게 한두 달 해서 완료되는 것이 아니고 몇
달 이상 일정을 잡고 해야 하는데, 그 긴 시간 동안 아이와 부
모가 제 처방을 잘 따라주는 것은 저에 대한 믿음과 저희 사
이에 생긴 깊은 친밀감 때문일 거라 생각해요.

편 저출산으로 인해 영유아 환자가 줄 것이라는 얘기를 하셨
는데요. 그렇다면 전망에 대해 어떻게 생각하시나요?

한국고용정보원의 미래직업연구팀에서 발표한 자료에서
도 저출산으로 인해 소아청소년과 환자인 영유아의 수가 줄
어들고 있어 앞으로는 소아청소년과의사의 고용 감소가 예상
된다고 하네요. 그러나 요즘의 젊은 부모들은 아이를 많이 낳
지 않는 만큼 아이의 양육과 건강의 질을 높이려는 경향이 있
다고 해요. 소아청소년 환자의 전체수는 줄지언정 보다 건강
한 아이로 키우기 위한 부모들의 바람이 소아청소년과를 찾

는 빈도수를 높일 수도 있다는 거죠. 미국의 경우 1990년대까지만 해도 소아과에 지원하려는 의사들이 적었어요. 하지만 2000년대에 접어들자 소아과의 인기가 높아졌죠. 이유를 분석해보니 미국의 부모들이 아이를 양육하는 질이 굉장히 높아졌고, 그만큼 소아과의사를 찾는 횟수가 늘어나면서 지원하는 의사들이 많아졌다는 의견들이 있어요. 국내의 경우 출산율이 어디까지 내려갈지 알 수 없고 미국과 반드시 동일한 현상이 있을 것이라고도 장담할 수 없지만 한두 명의 아이만 낳아 건강하게 키우고 싶어 하는 부모들이 많아진다면 소아청소년과 의사의 전망이 그리 어둡지만은 않을 거라 생각해요.

편 아이의 양육과 건강의 질을 높이려고 병원에 방문하는 사례에는 어떤 게 있을까요?

김 부모는 아이를 건강하게 키우고자 하는 마음이 강하죠. 그렇기에 질병 외에도 이유식이나 신체발달 사항, 수면 습관, 식습관에 대해 궁금해하고 문제가 생기지 않더라도 전문가와 상담하길 원하는데요. 대표적으로 별다른 이상이 없어도 영유아 검진을 통해 발육 상태를 체크하고 문진표를 보면서 상담을 하죠. 건강하지만 키가 작아서, 사춘기 조숙증이 걱정되어서 병원에 오는 것도 이에 해당하는 경우고요. 병원에 있다 보면 실제로 위와 같은 문제로 상담을 원하는 부모들이 매우 많아요. 보호자는 소아청소년과의사에게 질병을 치료하는 것은 물론 육아 멘토로서의 역할까지 기대하는 것이죠. 그래서 아이와 관련된 상담이나 진찰에 상담료를 도입하는 등의 제도적인 부분을 보완하자는 주장도 있어요.

편. 인공지능 시스템인 왓슨이 도입되어 진료를 시작했고, 멀지않은 미래에는 인공지능 기술이나 로봇이 상당수의 의사를 대체한다는 얘기도 있어요. 이러한 예측에 대해서는 어떻게 생각하세요?

최 IBM이 개발한 왓슨은 의학저널 300종, 교과서 200종 등 1천500만 쪽에 달하는 전문자료를 바탕으로 가장 확률이 높은 병명과 성공 가능성이 큰 치료법을 암 환자에게 제시하는 인공지능 프로그램이에요. 미국뿐 아니라 국내에서도 가천대 길병원, 부산대병원, 건양대병원을 시작으로 사용이 확산되고 있죠. 왓슨의 의견은 인간 의사의 의견과 80~90% 일치하며, 상당수 환자는 의사와 왓슨의 판단이 다를 경우 왓슨의 결정을 따를 만큼 신뢰도 얻고 있고요.

그런 흐름이 있지만, 2017년 대한소아청소년과학회 추계 학술대회 기자간담회에서 은백린 이사장은 뛰어난 기능을 가진 인공지능이라 하더라도 당분간은 소아청소년과의사를 대체하기는 힘들 것이라 전망했어요. AI가 소아청소년과에서도 많은 부분을 차지할 것이라 예상되기는 하나 다른 과보다는 상대적으로 타격이 적을 것이라는 의견을 냈죠. 소아청소년과는 신생아기, 영아기, 유아기, 청소년기 등 성인에 비해 분류하는 나이대가 세밀해 일괄적으로 적용하는 것이 어렵기 때문이에요. 또한 성인과 달리 개인의 특성이나 아이들의 체중, 키, 성장 상태 등에 따라서 더욱 세분화되며, 아이들뿐만 아니라 부모까지 정신적으로 케어해야 하거나, 가정환경 등이 아이의 심리적인 부분에 영향을 미쳐 증상을 보이는 등 변수가 많을 수 있기 때문이죠. 저 역시 같은 이유로 당분간은 인공지능이 소아청소년과의사들의 설자리를 위협하지는 않으리라고 봐요. 그렇지만 우리가 인공지능 프로그램을 사용하기 시작한 만큼 AI의 의료사고나 오진 등에 따르는 법적 책임에 대해서는 논의를 마무리해야 할 필요는 있겠죠.

편 당분간 인공지능의 활약이 어려울 거라고 하셨는데요. 그 이유에 대해 구체적으로 설명해주세요.

왓슨과 같은 인공지능이 주목을 받고 있는 것은 사실이지만 실제 왓슨이 사용되는 분야를 보면 고혈압이나 당뇨, 대사 이상 질환, 암 등 수치가 될 수 있는 데이터가 분명한 질병이에요. 그런 분야에서는 왓슨이 우수한 의사 역할을 할 수도 있을 것 같아요. 그렇지만 앞서 얘기한 연령에 따라 세밀하게 봐야 하는 소아기 질병이나 우울증, 조현병, 갱년기 장애, 통증, 현기증, 만성피로증후군 등은 수치화하기 어려운 질병들이라 주관적인 판단의 개입이 필요하기 때문에 인공지능으로서는 그 역할을 수행하기가 매우 까다로울 거라 생각해요. 또한 왓슨이라는 게 아시아인에 특화된 프로그램이 아니라, 우리와는 신체구조가 다른 서양인의 데이터를 기반으로 했다는 한계가 있죠. 다른 문제로 의사가 처방하는 약과 관련된 게 있어요. 약에는 보험이 적용되는 것과 적용이 되지 않는 것이 있고 그런 약을 의사의 판단으로 처방해야 하는 상황에서 보험 수가나 보험과 관련된 정책 등 제도적인 부분을 고려하기도 하는데, 과연 왓슨이 그렇게 여러 상황을 세심하게 고려해가며 처방을 할지도 의문이에요. 한 가지 더 얘기하자면 우리나라 병원에서는 전자 차트를 사용하는데, 이 전자 차트와 왓슨이 연동되지 않는다는 기술적인 문제도 있죠. 이런 여러 문제와 더불어 얘기하고 싶은 것은 의사는 자신의 의료 기술을 단순히 환자에게 적용하는데 그치지 않는다는 사실이에요. 환자는 하나의 인격체라 그들의 감정 상태도 더불어 살펴야 하는데요. 당장 인공지능이 환자를 전인적으로 대하며 파악해 나가는 것에는 한계가 있을 거라 보는 거죠. 특히나 환자가 아이들인 경우에는 더더욱 환자의 마음 상태나 환자를 둘러싼 가족과 사회를 고려해 살펴야 하는데 이는 절대로 데이터만으로는 알 수 없는 것들이죠.

소아청소년과의사가 되는
방법

Pediatrics

편 소아청소년과의사가 되려면 어떤 과정이 필요한가요?

우선 의사가 되는 과정을 간략하게 설명해드릴게요. 의사가 되려면 의료법에 따라 의과대학 및 의학전문대학원을 졸업한 후 학사학위 또는 석사학위를 받아야 해요. 보건복지부 장관이 인정하는 외국의 학교를 졸업한 경우에는 외국의 의사면허를 받고 예비시험에 합격해야 하고요. 그 후 의사 국가고시에 응시해 합격하면 의사 면허를 받을 수 있죠. 면허증이 발급되면 그때부터 의사 생활을 시작할 수 있는데요. 이렇게 특정 분야를 전문으로 하지 않고 진료하는 의사를 일반의사라고 해요. 의사면허를 취득한 후에 인턴과정 1년과 레지던트 과정 3~4년의 단계를 거쳐 각 분야의 전문의 자격시험에 합격한 의사를 전문의사라고 하고요. 여기서 소아청소년과를 선택해 공부하고 전문의 자격시험에 합격하면 소아청소년과

내과, 예방의학과, 결핵과, 가정의학과는 레지던트 3년, 나머지 과는 레지던트 4년의 과정을 거쳐요.

의사가 되는 거죠.

편 나이 제한이 있나요?

위에서 얘기한 학위와 관련된 자격 외에 나이 등의 제한은 따로 없어요.

편 의사가 되는 과정을 구체적으로 알려주세요.

앞서 소개한 대로 먼저 의과대학이나 의학전문대학원에 입학해야겠죠. 의과대학마다 커리큘럼과 시험 방식은 다르지만 모두 예과 2년에 본과 4년 과정을 기본으로 하고 있어요. 본과 4년 과정 중에 임상실습 2년이 포함되어 있고요. 이 기본 틀 안에서 각 대학이 추구하는 교육목표에 따라 커리큘럼을 구성하는 것이죠. 의학전문대학원의 경우 학부 4년을 마친 후 의학과에 입학하여 4년을 대학원생으로 다니게 돼요. 의과대학의 의학과와 의학전문대학원의 의학과는 이렇게 학제만 다를 뿐 실제 커리큘럼은 동일해요.

임상실습이 끝나면 대부분의 학생들은 의사면허 취득 여부를 결정짓는 국가시험인 의사 국가고시에 응시하는데요. 합격하면 정식으로 의사면허증을 발부받게 되죠. 즉, 의사로서 사회에 첫 발을 내디딜 수 있다는 허락이 국가로부터 떨어지는 셈이에요. 합격률은 대략 90% 이상이라 잘 모르는 사람들이 보기에는 시험으로서의 기능이 유명무실한 게 아닌가 생각할 수도 있겠지만 애초부터 의사 국가고시는 잘하는 사람을 골라내기 위한 시험이 아니에요. 의사가 되기 위해 필요한 최소한의 자격을 갖추고 있는지 만을 검증하기 위한 시험이죠. 따라서 합격 인원이 미리 제한되어 있지 않고 절대평가로 운영되며 일정 점수 이상을 받은 사람은 모두 합격시키고 있어요. 합격률이 높은 이유는 또 있어요. 의과대학에서는 매 학년마다 성적이 일정 수준 이하이면 미리 유급을 시켜요. 국가고시에 합격할 수 있을 만큼의 실력을 갖춘 학생들만 졸업시키는 것이죠. 바꿔 말해 합격률만 믿고 공부를 설렁설렁하는 사람들은 떨어지는 시험이에요.

2009년부터는 의사 국가고시에 임상실기평가라는 것이 도입되어 실기시험도 봐야 해요. 이 시험은 Pass/Fail 제도로 운영되는데요. 실기시험은 진료문항 6문제, 600점과 수기문항 6문제, 300점을 합해 총 12문제, 900점 만점으로 구성되어 있어요. 진료문항에서는 병력청취, 신체진찰, 환자와의 의사소통, 진료 태도를 평가하고, 수기문항에서는 기본적인 술

필기시험과 실기시험으로 구성되어 있으며, 필기시험과 실기시험에 모두 합격해야 해요. 필기시험은 이틀에 걸쳐 진행돼요. 보건의약관계법규 20 문제, 의학총론 60문제, 의학각론 280문제로 총 360문제이며, 객관식 5 지 선다형과 R형인 다지 선다형으로 구성되어 있고요. 의사 국가고시에서는 의대에서 배우고 실습한 내용이 의학총론과 의학각론으로 출제되는데, 실제 의과대학에서는 내과, 외과, 소아청소년과 등의 과목별로 수업을 듣고 그에 따른 시험을 보게 되지요. 보건의약관계법규에서는 보건의료기본법, 지역보건법, 국민건강증진법, 감염병의 예방 및 관리에 관한 법률, 후천성면역결핍증예방법, 검역법, 의료법, 응급의료에 관한 법률, 혈액관리법, 마약류 관리에 관한 법률, 국민건강보험법과 그 시행령 및 시행규칙에 대한 내용을 평가하고요.

기를 평가하죠. 의사 국가고시에 합격하여 의사면허를 취득하면 일반의사가 되고, 인턴 1년 과정과 레지던트 3~4년 과정을 거쳐 각 분야의 전문의 자격시험에 합격하면 전문의사가 돼요. 이후 펠로우라고 하는 전임의 과정을 거치기도 하고, 개원을 하거나 병원에 취직해 의사 생활을 하게 되죠. 이때 남자의 경우 36개월간 군의관 혹은 공중보건의로 군역을 해결하게 되는데, 장교가 받는 군사훈련도 받아야 하기 때문에 총 40개월가량 근무한다고 보면 돼요.

편 매년 인기 있는 전공이 따로 있다고요?

2018년에 의사 850명을 대상으로 진료과목을 선택한 이유에 대해 설문조사를 실시했어요. 결과를 보면 학문적 흥미 등 자아실현이라고 응답한 비율이 67.9%로 가장 높았죠. 비급여 진료가 많은 과를 선택했다는 응답은 1.4%, 성적에 맞춰서 선택했다는 응답은 21.6%로 나타났고요. 인기과라는 메리트 때문에 선택했다는 응답은 9.1%로 나타났는데, 해마다 떠오르는 인기 있는 진료과를 선택하는 의사들이 열 명 중 한 명 정도는 된다는 뜻이겠죠. 그렇지만 인기 있는 과는 시기에 따라 달라질 수 있어요. 그 이유는 무엇일까요?

인기 판도에 영향을 주는 중요한 요소는 개업이 쉬운지, 성공이나 높은 보수를 얻기 쉬운 과인지, 취직이 쉬운지 등이에요. 예를 들어 내과와 더불어 최고 인기 과였던 외과는 80년대 이후 전공의 지원율이 떨어졌어요. 그렇게 된 이유는 취직자리가 보장되지 못해서였죠. 구체적으로 얘기해볼까요? 외과는 수술을 주로 하는 과예요. 수술을 할 때는 숙련된 간의사가 병의원을 개설해 진료를 시작하려면 우선 보건소에 의료기관 개설허가를 신청하고 개설허가 필증을 받아야 해요. 병원급이 아닌 의원급의 경우 개설허가가 아닌 개설신고를 신청하게 되고요. 개원하려는 병원에 X-ray나 CT, 골밀도측정기 등과 같은 진단용 방사선 발생 장치가 있는 경우라면 의료기기의 설치 및 사용에 대한 부분도 추가로 신청해야 하죠. 의료기관 개설허가를 신청하면 이후 현장 실사와 소방시설점검이 진행되기 때문에 병원 인테리어를 마치고 의료기기를 설치하고 난 후 개설신고를 해야 해요. 그러고 나서 사업자등록을 해야 하는데요. 사업자등록 신청은 사업 시작일로부터 20일 안에 관할 지역의 세무서에 신청하면 돼요. 업태는 보건업이며, 종목란에는 진료하고자 하는 진료과목을 적어 넣으면 되죠. 의료 행위는 면세사업이므로 면세사업자로 신청해야 하고요. 단, 2014년 2월 이후부터 대부분의 미용이나 성형시술에 한해 부가가치세를 과세하는 것으로 법이 개정되었으니, 해당 사업과 면세되는 의료사업을 동시에 영위한다면 겸업 사업자로 등록해야 하죠. 개원 후 진료비 결제를 위한 준비도 필요해요. 사업자등록을 마치는 대로 신용카드 및 현금영수증 가맹점으로 등록하고 신용카드 단말기를 준비해야 하죠. 마지막으로 의료보험 환자와 의료보호환자에 대한 의료급여를 국민건강보험공단에 청구하여 받기 위해 요양기관 개설신고를 해야 해요. 이는 국민건강보험심사평가원에서 진행하는데, 우리나라는 건강보험 당연지정제를 취하고 있으므로 요양기관 지정 신청은 강제적이에요.

호사와 보조를 할 의사가 필요한데, 수술 내내 간을 당기고 있거나 작은 출혈을 막는 식으로 수술을 도와야 하기 때문이죠. 큰 수술의 경우 절대 혼자 할 수 없기 때문에 외과는 개업이 어려워요. 그 때문에 개업을 하지 못하는 경우 병원에 들어가 진료를 해야 하는데 종합병원의 숫자는 제한되어 있다 보니 취직이 어려워 인기가 떨어지게 되었죠.

또한, 개원 후 성공 여부는 저출산이나 의료수가 등과도 연관이 있을 수 있어요. 예를 들어 과거에 CT와 MRI가 등장하자 웬만한 규모를 갖춘 모든 병원에 보급되기 시작했는데, 그 기계를 사려면 해당 병원에 전문의 자격을 가진 방사선과 의사가 반드시 있어야 했죠. 그런 이유로 90년대 이후 방사선과의 인기가 높아졌어요. 그러나 곧 방사선과의사가 늘고 거의 모든 병원에 CT와 MRI가 들어오고 나자 인기가 이전 같지 않아졌고 지원자는 줄어들었죠. 췌장암에 걸리면 췌장뿐 아니라 인근 장기들 중 일부를 잘라내는 휘플 수술을 하는데요. 이 경우 대여섯 명이 몇 시간 동안 수술해도 받는 돈이 고작 몇 십만 원에 불과해요. 밤을 새가며 신생아를 받아도 몇 십만 원을 받고요. 성형외과에서 턱을 깎는 값은 물론이고 쌍꺼풀 수술 비용보다도 적죠. 의사의 진료에 대해 의료수가가

정해져 있어 생기는 일인데요. 그러다 보니 고생한 만큼의 보상이 주어지지 않을 것 같은 과는 기피하게 되고, 상대적으로 비보험이 많은 과로 지원하는 게 아닐까 싶어요.

히포크라테스 선서의 내용도 궁금해요. 언제 하는 건가
요?

의학의 아버지 히포크라테스에 의해 쓰인 이 선서는 의
학 윤리를 담은 가장 대표적인 문서 중 하나로 기원전 5세기
에서 4세기 사이에 기록되었다고 알려져 있어요. 히포크라테
스는 그 당시의 그리스인들 사이에서 신앙의 대상이었던 의
술의 신 아스클레피오스와의 연관성을 표방하면서 의술을 펼
쳤던 아스클레피오스학파 가문에서 태어났어요. 당시 모든
의사가 이 선서에 서약을 했던 것은 아니고, 히포크라테스 가
문, 즉 아스클레피오스 학파의 가문에 속하지 않는 다른 가문
의 사람들이 의술을 배우러 올 경우에 한해 이 선서에 서약하
도록 했다고 해요.

현재는 오늘날의 상황에 맞게 선서를 수정한 〈제네바 선
언〉이 일반적으로 읽히고 있어요. 우리나라에서 의과대학
을 졸업할 때 쓰이는 선서문도 사실은 제네바 선언문이에요.
1948년 스위스 제네바에서 개최된 세계의학협회 총회에서 채

택된 〈제네바 선언〉은 1968년 시드니에서 개최된 세계의학협회에서 최종적으로 수정 작업을 거친 후 완성되었죠.

편 제네바 선언을 의사들이 실제로 지키고 있나요?

대한의사협회는 학문에 기초하여 양심과 전문적 판단에 따라 환자를 진료하며 윤리적인 의료를 펼칠 수 있도록 의사윤리지침을 마련했어요. 지난 2017년 개정된 의사윤리지침에는 진료실 성추행과 대리 수술 등 실제로 사회적으로 논란이 됐던 문제들을 예방하기 위한 내용들이 새로 포함되었죠. 의사가 환자를 진료할 때 불필요한 오해를 막기 위해 샤프롱제도를 도입했어요. 이는 성적으로 수치심을 느낄 수 있는 신체부위를 진찰할 때 환자가 원하는 경우 제3자를 입회시켜야 한다는 규정이에요. 의사는 자신의 환자를 기망해 다른 의사에게 진료를 맡겨서는 안 된다고 규정하며 대리 수술을 금지했고요. 또한 진료에 임하는 의사의 정신적, 육체적 상태에 대해서도 명시했죠. 이는 마약, 향정신성 의약품, 음주, 자신의 정신적 또는 육체적 질병으로 인해 환자의 생명과 신체에 위해를 가져올 수 있는 상태에서 진료해서는 안 된다는 내용이에요.

의료계 자정을 위해 동료 평가를 권하는 내용도 담겼는데요. 의사는 동료 의사가 의학적으로 인정되지 않는 의료 행위를 시행하거나 이 지침에서 금지하고 있는 행위를 하는 경우 그것을 바로잡도록 노력해야 한다고 명시했죠. 바로잡기 위한 노력에는 의사회나 학회, 의협 윤리위에 알리는 행동이 포함되어 있어요. 더불어 의사윤리지침에서 금지하는 행위를 한 의사는 의협 정관과 징계 규정에 따라 징계할 수 있다는 조항을 담았어요. 〈제네바 선언〉에 어긋나지 않는 의료 행위를 권장하며 비윤리적 의료 행위에 대해 규제하고 예방하도록 내부적으로 노력하고 있는 것이죠.

편 꼭 관련 대학을 졸업해야 하나요?

네. 앞서 얘기했듯이 의사가 되려면 의과대학이나 의학전문대학원을 졸업한 후 학사학위 또는 석사학위를 받아야 해요. 대한민국의 의과대학은 크게 두 가지로 나뉘어있는데요. 첫 번째는 의과대학 과정인 6년제 학부과정이고, 두 번째는 MEET^{의학교육입문검사} 시험을 통해 입학하는 4년제 전문대학원 체제예요. 6년제 학부과정이 있는 의과대학으로는 가천대, 관동대, 계명대, 고려대, 고신대, 단국대, 대구가톨릭대, 동아대, 순천향대, 아주대, 연세대, 연세대 원주캠퍼스, 영남대, 울산대, 건양대, 원광대, 을지대, 인제대, 전남대, 중앙대, 충북대, 한림대, 한양대가 있어요.

편 경쟁력을 갖추려면 대학에서 어떤 활동을 하는 게 좋을까요?

의대생들의 경우 다른 단과대학의 학생들처럼 특별한 스펙을 준비할 시간이 부족해요. 현실적으로 학기 중에는 수업과 시험만으로도 벅차거든요. 공부할 내용이 많고 시험도 그만큼 많기 때문이죠. 그렇기 때문에 무엇보다도 교과 과정에 충실한 것이 중요해요. 의과대학 과정 중에는 PBL^Problem Based Learning이란 것도 있어요. PBL이란 의과대학의 특수한 교육 환경에 대응하기 위해 개발된 교수-학습 모형인데, 의대생들이 받은 이론교육을 임상 환자에게 적용할 수 있도록 실제와 유사한 문제 상황을 가져와 수업에서 이용하는 것이죠. 의대생들은 PBL을 통해 병원 현장에서 환자별로 나타나는 다양한 케이스에 따른 문제 상황을 정확히 파악할 수 있을 뿐만 아니라 여기에 맞는 적절한 처방을 내릴 수 있게 돼요. 이러한 교육과정은 차후 의사가 되어 환자를 볼 때와 매우 유사하므로 자신이 어떤 과에 적성이 맞고 흥미가 있는지를 발견할 기회가 될 수 있죠.

요즘에는 의과대학을 졸업한 후에 의료전문 변호사가 되기 위해 로스쿨에 진학하거나 의료와 관련된 창업에 나서는 등 임상의사 이외에도 다양한 방면으로 진출해 활동하고 있어요. 그런 진로를 원하는 학생이라면 대학 생활 중에 다양한 활동을 통해 자신이 좋아하는 분야나 적성을 찾고 시야를 넓혀 나가는 것도 졸업 후 진로를 결정하는 데 도움이 될 거라 생각해요.

편 어떤 과목을 배우는지 궁금해요.

커리큘럼은 학교마다 조금씩 다르긴 하지만 주로 예과에서는 화학과 생물학, 불리학, 수학 등의 자연과학 과목을 배우고 다른 과 학생들과 함께 기타 교양과목들도 들어요. 본과 1학년에서 2학년 1학기까지는 해부학, 생리학, 생화학 등의 기초의학을 배우며 본과 2학년 1학기부터 본과 3학년 1학기까지는 내과, 외과, 소아청소년과, 산부인과, 정신과 등의 임상의학 과목을 배우고요. 그리고 보통 본과 3학년 때 1년에서 1년 반 정도는 병원에서 임상실습을 하죠. 시간표를 보면 월요일부터 금요일까지 빽빽한데도 어떤 경우 토요일마저도 수업을 받으러 나와야 해요.

편 의과대학 공부, 쉽지 않아 보이네요. 어떻게 공부하셨나요?

공부량의 80~90%는 사실상 암기라고 해도 과언이 아니에요. 고도의 논리적 사고력이나 이해는 타 분야에 비해 상대적으로 덜 요구되지만 엄청난 암기력이 요구되죠. 시험을 보기 위해서는 우선 전공 교재를 통째로 봐야 하고, 족보라고 부르는 그간의 기출문제를 모아둔 인쇄물들을 달달 외우기도 본과 1학년부터 2학년 1학기까지 배우게 되는 기초의학 과목에는 조직학, 병리학, 생화학, 생리학, 해부학, 약리학, 유전학 등이 있어요. 임상의학은 메이저와 마이너로 나뉘는데요. 메이저 과목으로는 내과, 외과, 소아청소년과, 산부인과, 정신과가 있고, 마이너 과목으로는 메이저 과목 다섯 가지를 제외한 안과, 피부과, 비뇨기과, 재활의학과, 영상의학과, 핵의학과, 가정의학과, 진단검사의학과, 성형외과, 신경외과, 정형외과, 마취통증의학과, 병리과, 방사선종양학과, 이비인후과, 신경과, 응급의학과 등이 있어요.

해요. 자연대나 공대, 일반 인문대, 사회대와는 공부하는 방법이 완전히 다르죠. 머릿속에 하나하나 채워 넣기도 벅찬 양이고, 논리적 사고보다는 암기 위주이기 때문에 의대 과목이 엄연히 이과 학문임에도 불구하고 문과 성향을 가진 사람이 잘할 거라 말하는 사람들도 있어요. 유급하지 않는 것만이 목표이거나 평범한 학점 이상을 바라지 않는 사람들도 있긴 하지만 남들이 공부할 때는 무조건 같이 공부해야 유급은 면한다는 말이 있다 보니 시험이 임박하면 거의 모든 학생들이 의

임상실습을 PK라 부르기도 하는데, PK는 독일어 *Poliklinik*의 줄임말이에요. 다양한(Poly) 과(Clinic)를 접한다는 뜻이죠. 본과 2학년 2학기 혹은 3학년 1학기까지의 과정이 끝나면 1년 또는 1년 반 동안 의대 부속병원 또는 교육 병원에서 임상실습 과정에 들어가게 돼요. 이 과정은 병원이 전반적으로 어떻게 돌아가는지, 의사의 업무가 무엇인지 눈으로 직접 보고 배우며 실제 의과대학에서 이론으로 배운 것을 확인하거나 적용해보는 시기이며 동시에 의사가 되기 전 예비 의사로서 일종의 의사 체험을 해보는 시기예요. 실습 초반 1년 동안은 메이저 과목을 실습해요. 이후 몇 달은 마이너 과목을 실습하게 되고요. 어떤 과에 배치되건 콘퍼런스나 회진 일정은 기본이에요. 과에 따라 외과 계열인 경우 수술이 있으면 참관하거나 외래를 보고, 내과 계열인 경우 외래를 보거나 내시경과 같은 시술에 참관하죠. 학교 시간표의 일정을 그대로 소화하는 것이 아니라 담당 교수의 외래나 수술 등의 일정에 따라 실습 스케줄이 진행돼요. 실습 기간 때는 시험을 그전만큼 자주 보는 편이 아니라 수업을 들을 때보다는 여유가 있죠. 하지만 교수가 내준 과제만 하는 학생보다는 스스로 적극적으로 공부하는 학생에게 더 많이 배울 수 있는 기회가 주어지는 때이기도 해요. 실습을 통해 실제의 환자 그리고 교수가 작성해놓은 환자의 차트를 함께 보면서 이전에 배웠던 내용을 적용시켜보고 체득할 수 있거든요. 실습 기간 동안 열심히 하다 보면 의사가 되고 난 후 빠르게 적응하는 데 도움이 될 수 있을 뿐만 아니라 향후 진로를 결정하는 데에도 도움이 될 수 있겠죠. 여러분이라면 그 시간을 어떻게 보내시겠어요?

대 도서관에 모여 공부를 해요. 내용이 워낙 많다 보니 혼자 하다 보면 중요한 내용이 아니라 소위 말하는 탈족, 즉 족보가 아닌 내용을 공부하게 된다는 얘기가 있어서 시험 바로 직전에는 도서관에 모여 정보를 공유하면서 공부하려는 이유도 있고요. 내신이라는 게 교수로 임용될 때까지 따라다니는 꼬리표인 만큼 신경을 쓰지 않을 수가 없어요. 또한 졸업 후 소위 인기 있는 메이저과를 선택하기 위해서는 학점이 무엇보다 중요하고요.

편 시험에 대해서도 알려주세요.

보통 한 번의 시험에 몇 천 페이지나 되는 의학 원서 한 권이 모두 포함되어 있기 때문에 공부할 양이 굉장히 많아요. 그 분량이 상당해 의학대학 강의실 책상에는 그 흔한 커닝의 흔적이 없죠. 커닝할 내용을 쓸 시간이 있으면 그 시간에 하나라도 더 암기하는 것이 낫거든요. 그리고 땡시라는 의과대학 특유의 시험 형식이 있는데, 이는 본과 때부터 시작돼요. 땡시, 들어보셨나요? 해부 모형이나 조직학 슬라이드를 교실 안에 배치해두고 종이 울리면 한 명씩 순서대로 시험장에 들어가요. 첫 번째 문제를 보고 30초 안에 답을 쓰고 종이 울리

의과대학에서는 1년에 이수 가능한 학점이 정해져 있어요. 최대 이수 가능 학점이 24학점이라 대부분은 최대로 수강하죠. 예과 1학년이나 2학년 1학기 때 과락을 하면 계절학기 등으로 채워 넣을 수 있지만, 예과 2학년 2학기나 본과로 올라가면 거의 전공필수 과목이라 채울 방법이 없어요. 자동 유급이 되죠. 그러다 보니 1년 동안 전 과목 성적이 평점 D 이하의 평균 과락이거나 한 과목이라도 F학점을 받게 되면 해당 학년을 다시 다니면서 전 과목을 다시 들어야 해요. 유급을 계속하는 학생이 있다면 학교 행정상 제적을 시키기도 하는데요. 여기서 알아둘 것은 유급에도 제한이 있다는 것이에요. 수업연한은 대학의 정규 교육과정에서 필요로 하는 이수 학년을 말하는데 4년제 대학의 기본 수업연한은 4년(8학기), 의학과는 6년(12학기)이에요. 재학 연한은 학생이 재학할 수 있는 최대한도로 대부분의 4년제 대학에서는 수업연한의 2배, 의학과의 경우 9년(18학기)을 초과하지 못하게 되어있고요. 그러니 유급이 반복되어 재학 연한인 9년이 만료될 때까지 졸업을 못한다면 재적 기간 만료로 인해 제적 처리되겠죠.

면 옆자리로 이동해서 다음 문제를 30초 안에 풀어야 해요. 보통 시험을 보면 문제를 한번 다 푼 후 검토할 수 있지만 땡시의 경우 지나간 문제로 다시 돌아갈 수 없어요. 제대로 외운 사람만 제시간 안에 정답을 쓸 수 있는 의과대학의 상징적인 시험이죠.

방학은 어떻게 보내나요?

예과 때의 방학기간은 다른 과와 비슷하게 두 달 정도 되는데 본과로 올라가서는 여름방학과 겨울방학이 대략 1개월 정도 주어져요. 방학이라고 마냥 편하고 자유로운 것은 아니에요. 위에서 말한 수많은 시험을 모두 좋은 성적으로 통과한다는 것은 현실적으로 어렵기 때문에 시험 성적 불량자를 대상으로 방학 중에도 재시험을 보게 되고, 더러는 삼시를 보는 경우도 있거든요. 그러다 보면 학교에 나오는 기간은 더 길어지고 방학은 그만큼 짧아지죠. 방학의 절반이 시험을 보다 날아가는 경우도 있고요. 사실 재시험을 보지 않는 학생들도 학교에 나와 재시험을 보는 동기들의 공부를 자진해서 도와주기도 해요. 의대생들만이 공유할 수 있는 추억이기도 하죠. 다만, 의대생의 경우 다른 학과 학생들처럼 방학을 이용해 취업을 위한 스펙을 쌓거나 토익을 준비할 필요가 없기 때문에 학교 공부만 집중하면 되는 장점이 있어요. 짧은 방학 기간 때문에 유럽 배낭여행을 갈 정도의 여유가 나긴 쉽지 않지만요.

편 학창시절에는 어떤 준비를 하면 좋을까요?

최 의과대학에 들어가려면 우선은 공부를 잘해야 하는 것이 맞지만 학창시절에 다양한 경험을 해보고 책도 많이 읽어서 타인에게 공감할 수 있는 풍부한 정서를 가진 사람이 되었으면 좋겠어요. 이런 직, 간접적 경험들은 좋은 의사가 되기 위해 필요한 인성적 바탕이 됨과 동시에 자신의 진로를 찾는 데도 도움이 되니까요. 또한 그러한 경험이나 그 과정을 통해 얻게 된 것들이 성인이 된 이후에도 우리의 인생을 더욱 풍요롭게 만들어주기도 하거든요.

편 의사가 되려면 성적이 어느 정도 되어야 하나요?

최 보통 의학대학 입학을 위해서는 이공계열 수리 가형-과탐 선택자 중 상위 1% 이내의 성적을 받아야 해요. 지방의 하위권 의과대학이라 하더라도 상위권 공과대학 이상의 성적을 갖고 있어야 하고요. 저는 문과계열로 의대에 교차 지원했는데, 문과계 전체에서 수능 성적 상위 1% 이내의 성적이었어요.

굉장히 잘하셨네요. 준비하는 과정에서 가졌던 마음가짐이나 특별했던 자신만의 공부 방법이 있나요?

초등학교 2학년 때부터 학교에 가기 전에 늘 예습을 해갔어요. 6학년 때에는 학교에서 운영한 중학교 대비반에 들어가 수업 후 매일 복습을 했고요. 그리고 영어수업 전에는 단어장을 만들어서 모든 단어를 암기해 갔어요. 그렇게 공부했더니 중학교에 올라가서 전교 1등도 할 수 있었죠. 중, 고등학교 시절엔 학교 수업을 충실히 듣고 부족하다고 생각되는 과목은 따로 보습학원을 다니기도 했어요. 그런 노력 덕분에 늘 상위권을 유지했죠.

저 같은 경우 의과대학 입학이라는 목표가 뚜렷했기 때문에 입시를 준비하는 과정에서 흔들림 없이 꾸준히 준비할 수 있었어요. 당시 공부법에 있어서 중요한 것이 두 가지 있었는데요. 첫째는 문제를 최대한 많이 푸는 것이었고, 둘째는 단권화 정리였죠. 시험을 보기 전까지 오랫동안 준비해온 것을 마지막에 잘 정리하는 것이 중요하다고 생각했거든요. 수능 한 달 전부터는 이전에 풀었던 문제집들을 보고 별표를 쳐놓거나 틀린 것을 다시 봤어요. 정말 중요하거나 이해가 안 되는 문제는 오려서 따로 두거나 손바닥만 한 작은 수첩에 촘촘

하게 정리해서 써놓았고요. 그리고 마지막 며칠간은 정리해 놓은 문제만 다시 봤어요. 수능 전날에는 외워지지 않거나 정말 중요하다고 생각되는 문제들과 정리해놓았던 수첩을 다시 봤고요. 의사 국가고시 때도 마지막에 볼 것을 정리한다는 마음으로 단권화 정리를 계속해나가면서 공부했던 것이 도움이 되었죠. 시험 당일 아침에는 정리해놓은 작은 메모지를 가볍게 읽어보고, 시험장에서는 풀지 않은 수능 모의시험지 하나를 준비해 가서 쉬는 시간마다 다음 시간에 풀 과목의 문제들을 10문제 정도 훑어봤어요. 시험이 시작되어도 당황하지 않고 자연스럽게 풀어나갈 수 있도록 워밍업을 한 것이죠.

편 필요한 자격이 있나요?

김 의과 대학생의 경우 예과 2년과 본과 4년 과정, 의학전문 대학원생의 경우 학부 4년과 대학원 4년 과정을 모두 마치면 대부분은 의사 국가고시에 응시하는데요. 국가시험에 합격하면 정식으로 의사면허증을 발부받게 되죠. 의사 면허를 받으면 의사로서 일할 수 있고요. 의사 면허는 면허를 취득한 연도에 따라 순차적으로 부여되기 때문에 면허 번호를 보면 의사의 나이와 경력을 어림짐작할 수 있죠. 의사 면허 번호는 1974년에 갱신돼 그때 1번부터 새롭게 부여되었으며, 2009년에 면허 번호 100,000번을 돌파했어요.

편 외국어를 잘해야 하나요?

의과대학에서 배우는 책들을 보면 영어로 된 원서가 많고, 그 양도 방대하기 때문에 커리큘럼을 따라가기 위해서는 기본적인 영어 실력이 필요하다고 생각해요. 다만 다른 학과 학생들처럼 취업을 위해 따로 토익, 토플 등과 같은 공인영어 시험까지 준비할 필요는 없어 보여요.

편 어떤 자질을 갖추어야 하나요?

아이들은 증상을 정확하게 전달하지 못한다는 것을 기본 전제로 생각해야 해요. 보호자가 말하는 증상을 듣고 진단이 추정되면 필요한 정보를 능동적으로 질문해 얻어내야 하죠. 이러한 과정을 통해 얻은 정보를 통합해 종합적인 결론에 이르기 위해서는 자신이 완벽주의자가 아닌가 하는 생각이 들 정도로 꼼꼼해야 해요. 진료를 하다가 아동학대가 발견되는 경우도 있는데, 그런 것을 의사의 관찰만으로 알아내야 하니 세심한 주의력도 필요하죠. 생각해보니 아이들이 크게 우는 상황에서도 진료를 이어나가야 하니 고도의 집중력도 필요하겠네요.^^

■ 어떤 성격을 가진 사람들이 적합한가요?

무엇보다 아이들을 치료하는 과이다 보니 세심함이 중요해요. 진료할 때도 꼼꼼하게 봐야 하고 환아와 보호자를 대할 때도 주의를 기울이며 배려하는 태도가 필요하죠. 환자뿐만 아니라 직원과의 협업도 요구되다 보니 친근감 있는 성격이면 더 좋겠고요.

편 유학이 필요한가요?

의과대학이나 의학전문대학원에서 소정의 학업을 마치고 난 후 의사 국가고시에 응시하여 합격하면 한국에서 의사가 될 수 있어요. 그러므로 유학이 의사가 되는데 필수 조건은 아니에요.

소아청소년과의사가
되면

Pediatrics

편 연봉은 어느 정도인가요?

흔히들 대학병원이라고 부르는 3차 병원급의 전공의 연봉은 근무하는 병원마다 차이는 있지만 대략 3,800만 원에서 4,500만 원 정도예요. 남자의 경우 군의관이나 공중보건의로 3년 정도 군역을 할 때의 연봉은 수련 경력이나 근무기간을 고려하여 대략 1,800만 원에서 2,800만 원 정도를 받게 되는데 이는 전공의 때보다는 적은 금액이죠. 전공의 이후 전문의가 되고 난 후에 대학병원에서 1, 2년 정도 전임의를 하게 되면 월급 400만 원, 연봉으로 치면 약 5,000만 원을 받게 되고요. 이후 전체 의사 중 일부는 병원 교수직으로 진출하고 나머지는 개원을 하거나 페이닥터를 하게 되는데요. 개원을 하지 않고 페이닥터를 하는 경우 전공과에 따라 연봉은 달라지지만, 한국고용정보원의 조사에 따르면 소아청소년과 전문의가 받는 연봉은 하위 25%가 7,626만 원, 중위가 8,868만 원, 상위 25%가 9,662만 원이라고 해요. 이는 일부를 대상으로 한 통계 결과로, 실제 연봉은 의사의 경력과 근무지의 규모 등에 따라 달라지겠죠.

편 연봉 체계를 알려주세요.

먼저 개인병원을 개업하는 의사에 대해 얘기해볼까요? 이 경우 수입이나 지속 가능성은 천차만별이에요. 연봉 체계랄 것도 없죠. 사실상 인터넷에서 '성형외과의사들은 돈을 얼마나 버나요?' 같은 질문을 하는 건 의미가 없어요. 병원 운영이 잘 되는 경우, 상위 30%에 속한다면 연봉이 세후 1억 2,000만 원 이상이지만, 운영이 어려워 폐업을 하게 되는 병원도 있잖아요. 과별로도 수입에 큰 차이가 있어요. 2014년 신문기사에 따르면 내과 전문의는 세후 1억 3,200만 원, 정신과나 재활의학과 전문의는 세후 1억 8,000만 원, 외과 전문의는 세후 9,600만 원, 가정의학과 전문의나 전문의를 따지 않은 일반의는 세후 7,200만 원의 연봉을 받는대요. 병원 경영 통계에 따르면 서울 소재 종합병원에서 일하는 전문의는 평균적으로 세전 7,400만 원을 받는다고 하고요. 하지만 이런 통계나 언론에서 말하는 연봉들을 일반화할 수는 없어요. 개업의는 사실상 과나 병원의 운영 상태, 비보험 비중에 따라 소득이 모두 다르니까요. 평균은 큰 의미가 없죠.

이제 봉직의에 대해 얘기해볼게요. 이 경우 수술 여부 및 수요와 공급 등에 따라 연봉이 결정되죠. 예를 들어 인공관절 및 척추 수술이 많은 정형외과와 신경외과, MRI 촬영이나 건강검진이 많은 영상의학과 전문의의 연봉이 대체로 높아요. 지역의 영향도 크게 받는데요. 서울보다는 지방, 특히 농어촌 지역은 의사가 부족하기 때문에 경쟁은 덜하고 연봉은 높은 편이죠. 2016년 국회 보고서에 따르면 전문의 1인당 인건비가 가장 높은 곳은 울산이에요. 연봉이 약 2억 6,300만 원이죠. 울산의 경우 소득 수준이 높고 병원이 많아 의사들의 연봉이 높다고 해요. 반면 서울은 1억 3,200만 원으로 가장 낮았는데요. 전국에 있는 의사 10만 명 중 95%가 도시에 몰려 있는 탓이죠. 서울에서 멀수록, 대도시에서 떨어질수록 연봉이 올라가며, 치매 병원과 노인 요양병원의 경우 산속에 있을수록 정신건강의학과나 재활의학과의사의 월급은 올라가요. 의료기관의 규모가 작을수록 월급이 높아지는 경향도 있고요.

편 직급 체계는 어떻게 되나요?

상급종합병원에서 의사는 크게 기초의사와 임상의사로 분류할 수 있어요. 기초의사는 생화학, 분자생물학, 해부학, 생리학, 기생충학, 미생물학, 면역학, 약리학, 예방의학 등의 기초의학 분야에 대한 교육과 연구에 종사하는 의사예요. 대부분 대학이나 연구기관 등에 소속되어 있고 대학의 기초의학교실에서 조교로 수련을 받으며 학부생의 교육이나 교수 연구에 참여하죠. 임상의사는 우리가 흔히 알고 있는 환자를 진료하는 의사를 말해요. 환자 진료와 교육, 연구에 종사하게 되죠. 대한민국의 의료법에 따라 의사가 임상의사로서 진료를 하려면 의원이나 병원, 종합병원 등의 의료기관에 소속되어 있어야 하며 임상의사는 경력에 따라 인턴, 레지던트, 펠로우, 조교수, 부교수, 과장의 단계를 밟게 돼요. 일반 병의원의 경우에는 직급이 따로 없는 경우가 많고요. 상급종합병원보다 작은 규모로 여러 개의 진료과목을 갖추고 30~99개의 병상을 보유한 중소병원 혹은 100개 이상의 병상이 있는 중간급의 종합병원에는 각 진료과목에 해당하는 전문의들이 있고, 이 의사들은 각 과의 과장으로 불리죠. 그 상위 직급으로 병원 전체를 총괄하는 병원장이 있고요.

인턴

인턴은 전문의가 되기 위해 거치는 수련 과정 가운데 첫 1년 동안 받게 되는 과정을 말해요. 일정한 수련병원에 속하여 전 과목에 걸쳐 순환근무를 하며 임상수련을 받죠. 한 달씩 모든 과를 돌면서 각 과의 특성에 대해 배울 수 있는 동시에 본인의 적성에 맞는 과를 찾는 과정이기도 하고요. 남자의 경우 의무장교 현역으로 복무하고 예비역 병적에 편입하거나 공중보건의 의무를 이행한 사람이 전역 또는 의무 이행을 마친 해에 수련을 받을 때는 인턴 수련 기간을 10개월로 하고 있어요. 인턴 기간이 끝날 때쯤 소아청소년과와 같은 전문 과목 중 한 과목을 선택해 레지던트에 지원하게 되며 만약 인턴 기간이 끝났는데도 레지던트로 진급하지 않게 되면 일반의사라고 해요. 일반의사는 전문의 자격증 없이 임상진료를 하게 되지요.

레지던트

인턴 과정을 이수하고 전문 과목 중 한 과목을 전공으로 선택하면 이제 레지던트 과정에 들어가요. 내과, 가정의학과, 결핵과, 예방의학과 전문의는 3년간의 전공의 과정을 거치며, 그 외의 임상과들은 4년간의 전공의 과정을 거쳐야 하죠. 레지던트 과정은 전공과 환자들의 주치의가 되어 환자를 담당하고 치료하며 각 분과들을 순환 근무하면서 배우는 과정이라고 할 수 있어요. 예를 들어 제가 근무했던 병원의 소아청소년과에서는 3, 4월엔 소아청소년신경과, 5, 6월엔 소아청소년심장과, 7, 8월엔 소아청소년내분비과, 9, 10월엔 소아응급실의 순서로 두 달씩 근무하면서 각 분과의 환자를 직접 담당하고 치료하며 보고 배웠죠. 때로는 외부 병원 파견 스케줄이 있기도 하고요. 연차가 바뀌면 업무의 내용이 달라질 수는 있지만 역시 각 분과를 순환근무한다는 점은 같아요. 4년 차 때는 그중 한 분과의 Chief가 되어 해당 분과를 담당하게 되고요. 4년 차 중 한 명은 의국장을 맡게 되는데 의국장은 학급반장처럼 의국의 살림을 도맡아 하게 돼요. 이렇게 전공의 과정을 수료하고 해당 학회가 정한 기준을 충족하면 전문의 시험에 응시할 수 있는 자격이 생기며 전문의 시험은 4년 차 다음 해 1월에 보게 돼요. 이 시험에 합격하면 2월에 전문의 자격증이 나오게 되고 전문의 자격을 부여받게 되죠. 그때부터 자신이 선택한 과목의 전문의가 되는 거고요.

펠로우

전문의 과정을 마치고 전문의 면허를 취득한 후 대형병원에서 자신의 전공과목에 대해 1~2년간 더 공부를 하는 의사를 말해요. 전임의라고도 하죠. 1~2년간 각 분과 학회에서 정한 소정의 과정을 마치게 되면 분과전문의 시험을 볼 수 있게 되는데, 이 시험을 통해 분과전문의 자격증을 취득하기도 해요. 예를 들어 소아청소년과에는 소아청소년감염, 소아청소년내분비, 소아청소년소화기영양, 소아청소년신경, 신생아, 소아청소년신장, 소아청소년심장, 소아청소년알레르기호흡기, 소아청소년혈액종양 등의 분과가 있는데요. 이러한 것들을 추가로 공부하고 분과전문의 자격증을 취득하기도 하는 것이죠. 보통 대학병원 교수로 근무하기 위해서는 펠로우를 마치고 분과전문의 자격증을 취득해야 해요.

조교수

부교수

과장

레지던트 근무평가표

사번		전공		과	평가	근무지	OO 병원				
성명		과목		년차		기간	20 . . . ~ 20 . . . (개월)				

평가항목		평가(해당 점수에 ○표)					계	평가자	평가의견
		A	B	C	D	E			
근무 태도	1. 품행·용모·태도 및 출퇴근	5	4.5	4	3.5	3	/ 70	소속과장 (서명)	
	2. 대인관계(환자·보호자, 교직원)	5	4.5	4	3.5	3			
	3. 환자로부터의 신뢰감	5	4.5	4	3.5	3			
임상 능력	1. 중요 질환 이해도	5	4.5	4	3.5	3			
	2. 검사, 처방 Order의 적합성	5	4.5	4	3.5	3			
	3. 전문지식과 술기 활용 능력	5	4.5	4	3.5	3			
	4. 협의진단 협조성	5	4.5	4	3.5	3			
	5. 환자 진료에 대한 책임감	5	4.5	4	3.5	3			
	6. 검사 결과 해석 능력 및 보고	5	4.5	4	3.5	3			
	7. 근거에 따른 문제 해결(EBM)	5	4.5	4	3.5	3			
	8. 집담회 참석 및 토론 능력	5	4.5	4	3.5	3		수련 교육부장 (서명)	
	9. 학생 및 후배 전공의 교육	5	4.5	4	3.5	3			
	10. 임상 및 기초 연구 능력	5	4.5	4	3.5	3			
	11. 당직 근무 태도	5	4.5	4	3.5	3			
기본 소양	1. 제 규정 준수 및 행사 참여	5	4.5	4	3.5	3	/ 30		
	2. 의무 기록 작성 상황	5	4.5	4	3.5	3			
	3. PI 활동 및 환자 안전	5	4.5	4	3.5	3			
	4. 친절(고객 칭찬)과 봉사정신	5	4.5	4	3.5	3			
	5. 상벌 사항(폭력 및 성희롱)	5	4.5	4	3.5	3			
	6. 병원 정책 수용도	5	4.5	4	3.5	3			
합계 (20개 항목)		( ) / 100점						수련교육위원회 위원장 확인 (서명)	

【평정지침】
1. 이 평가표는 승급이나 교원(임상교원) 임용 시 참고 자료로 활용되므로 정확히 평가하여 주십시오.
2. 평가자는 근무평가의 공정을 기하기 위하여 관계 지도전문의의 광범위한 의견을 들어 협의 평가를 실시하는 것을 원칙으로 합니다.
3. 평가자 본인이 직접 평가하되, 유고 또는 결원일 때에는 차상급자가 평가할 수 있습니다.
4. 모든 평가항목에 걸쳐 'A' 또는 'E'로 평가할 경우 평가의견란에 그 사유를 기재합니다.
5. 평가는 평가 기간 중의 사실에 근거하여야 하며, 선입감이나 모호한 추측에 의존해서는 안됩니다.
6. 수련교육위원회 위원장은 근무평가 원칙에 따라 평가되었다고 인정할 수 없는 충분한 객관적 근거가 발견된 경우나 기록상의 미비점이 있는 경우 재작성을 지시할 수 있습니다.
7. 평가자는 피평가자인 전공의와의 면담을 통해 피드백을 실시하고 개선활동이 이루어지도록 해야 합니다.

편 주기적으로 적성검사는 받나요?

아니요. 적성검사는 따로 받지 않아요. 그렇지만 필수과목 연수교육 2학점을 포함하여 1년에 8시간 이상 보수교육을 받아야 해요. 변화된 내용과 정보를 주기적으로 교육받으며 더 나은 진료를 위해 지속적으로 노력하고 있어요.

📰 근무 시간은 어떻게 되나요?

보통 병원의 진료 시간이 근무 시간이 되는데요. 2, 3차 병원의 외래 진료 시간은 점심시간 한 시간을 제외하고는 보통 오전 9시부터 오후 6시까지예요. 입원병실이 없고 외래만 보는 1차 의원의 경우 병원에 따라 진료 시간에 차이가 있어요. 저녁 6시 이후까지 진료를 하는 병원도 있고, 주말이나 공휴일에도 진료를 하는 병원이 있거든요. 이러한 1차 의원에서 근무하는 의사들은 대표 원장이 정한 시간 동안 근무하게 되죠.

📰 근무교대는 어떻게 이루어지나요?

개업의인 경우 보통 계약된 진료 시간에 맞추어 근무하고 교대해요. 간호사처럼 근무교대 시간이 따로 있는 것은 아니며 각자의 자율성에 따라 정해진 대로 교대하면 돼요. 2차, 3차 병원의 경우 보통 응급의료센터가 있기 때문에 5시에서 6시 사이에 진료 시간이 종료되면 이후에 내원한 환자의 진료는 응급의료센터에서 담당하게 되죠. 대다수의 응급의료센터에는 응급의학과의사가 상주하면서 소아 진료도 같이 보게 되는데요. 최근에는 소아응급실 구역을 따로 만들어서 소아청소년과의사가 상주하며 아이들을 진료하는 상급종합병원도 늘고 있죠. 대학병원에 근무하는 레지던트의 경우 당직이 아니라면 보통 6시경에 퇴근하며, 당직인 경우 Counter라고 부르는 상대 레지던트와 짝을 이루어서 교대로 퇴근하게 돼요. 교대 시 원내 전화기와 함께 담당 환자에 대한 인계를 받죠. 그렇지만 사실상 1년 차 때는 밀린 일을 하다 보면 정시에 퇴근하지 못하는 경우가 많아요. 퇴근 전 정규시간에는 입원 환자와 관련된 일들을 주로 한다면, 당직 시간에는 환자의 환부 드레싱, 다음날 시술하는 환자들의 시술동의서 받기, 콘퍼런스 자료 만들기 등의 업무들을 하게 돼요. 저 같은 경우 시간이 너무 늦어지면 병원에서 자고 다음 날 근무를 바로 시작한 적도 종종 있었는데, 그러다 보니 병원 당직실에는 간단한 옷과 세면도구 같은 것들이 늘 준비되어 있었죠.

편 휴일에도 일하나요?

최 주말이나 공휴일에도 진료를 하기로 정해놓은 병원의 의사라면 스케줄에 따라 휴일 진료를 하겠죠. 상급종합병원에서 일하는 의사의 경우 공휴일 및 일요일은 진료가 없기 때문에 논문 작성이나 강의 준비와 같은 진료 이외의 것들을 위해 시간을 보내는 경우가 많고요. 그 밖에도 보통 일요일에 학회가 많이 열리기 때문에 관련 학회에 참석해 공부를 하기도 하죠. 이런 식으로 의사들은 휴일에도 진료 또는 업무를 위한 준비나 연구로 시간을 보내는 경우가 많아요.

편 근무 여건은 어떤가요?

1차 의원과 2차 병원에 근무하는지 상급종합병원에 근무하는지에 따라 근무 여건은 달라져요. 각 근무 기관의 형태에 따라 장, 단점이 있고요. 병원의 규모뿐만 아니라 본인이 선택한 근무조건과 자율성에 따라서 업무의 종류나 양은 천차만별일 수 있어요.

편 근무 환경이나 분위기는 어떤가요?

1차 의원의 경우 의료 정책이나 의료 시장의 변화에 대해 빠르게 대처해야 하다 보니 유동성과 자율성이 두드러져요. 반면 상급종합병원은 조직화되어 있어 여러 직급이 있다 보니 상대적으로 대처가 느릴 수 있어요. 자율성보다는 체계가 중시되고 보수적인 느낌이 강하죠.

편 복지 여건은 어떤가요?

같은 시간을 근무한다는 가정 하에 1차 의원의 의사는 상급종합병원에 근무하는 의사보다 보수가 더 많아요. 그러나

복지 혜택은 상급종합병원에 근무하는 의사가 더 많죠. 병원에 따라 다르겠지만 의료인은 교직원으로서 본인과 가족의 건강, 자녀교육, 금융 지원, 노후 대책 등 직장인으로서 필요한 기본적인 복지를 지원받는데요. 예를 들어 교직원의 가정생활을 지원하는 가족수당, 자녀학비보조수당, 자녀복지장학금을 받을 수 있으며, 건강진단이나 진료비 감면 등과 같은 혜택도 받을 수 있죠. 교직원을 위한 금융이나 연금제도도 잘 갖추어져 있고요.

편 노동 강도는 어느 정도인가요?

답 상급종합병원에서 근무하는 인턴이나 레지던트는 주어진 업무의 양이 상당하다 보니 퇴근 시간은 6시이지만 자신이 맡은 일을 마무리 짓기 위해 자발적으로 야근을 하게 되는 경우가 많아요. 전공별로 본다면 피부과나 성형외과와 같은 마이너과보다는 중환자들이 입원해 있고 응급상황도 발생하기 쉬운 내과, 소아청소년과, 외과 등의 메이저과가 아무래도 업무량은 더 많죠. 상급종합병원 중에서도 규모가 큰 병원이나 중환의 비중에 비해 전공의 수가 넉넉하지 않은 흉부외과와 같은 경우 더 힘들 수 있고요. 또, 같은 과 레지던트라도 1년 차는 매우 많은 일을 처리하곤 해 강도가 센 편이죠. 전문의를 취득하고 나서는 취업하는 병원에 따라 다르겠지만 일반적으로 수련의 때보다는 노동 강도가 덜 하므로 안정적이고 여유 있는 생활이 가능해요.

편 정년은 언제까지인가요?

의료법상 의료인의 정년은 따로 정해져 있지 않아요. 상급종합병원의 대학교수인 경우 내규에 따라 통상 만 65세가 정년이죠. 그렇지만 병원마다 내규가 달라 실제 정년은 조금씩 차이가 있어요. 또한 정년 이후 다른 병원에서 인생 제2막을 시작하는 의사들도 많고요. 지난해 의학회가 작성한 통계에 따르면 의과대학 정년퇴직 교수는 매년 급증하고 있으며 퇴직하는 이들의 대부분은 은퇴 이후에도 계속 진료 현장에서 일하고 싶어 한다고 해요. 60세 이상 의사 969명을 대상으로 전화 설문을 실시한 결과를 봐도 응답자의 60.5%가 은퇴 후에도 진료 현장에 남고 싶다고 응답했고요. 실제로 많은 분들이 정년을 맞은 후에도 촉탁의로 나가 일하거나 제자나 후배 병원으로 초빙돼 다시 진료를 하고 있죠.

편 직업병이 있나요?

책상에서 주로 진료를 보는 내과나 소아청소년과 등의 의사들은 평소 컴퓨터 앞에 오래 앉아 있는데, 잘못된 자세로 앉아 있는 것이 습관이 되면 일자목이 쉽게 올 수 있어요. 우리가 똑바로 서있게 되면 옆에서 봤을 때 정상적인 목뼈는 앞면이 볼록한 자연스러운 C자 곡선을 이루는데요. 일자목이 되면 목뼈의 전만 소실로 인해 I자 형으로 변형되죠. 질환이 더 진행될 경우 I자 형을 거쳐 마치 거북이처럼 거꾸로 된 C자가 되고요. 목뼈나 척추 자체의 문제인 경우도 있지만 나이가 들면 퇴행성 변화로 인해 목과 척추의 근육이 줄어들면서 일자목이 잘 생기는데, 요즘에는 스마트폰이나 컴퓨터의 과사용이 1차 원인이 되고 있어요. 구부정한 자세로 장시간 운전하거나 서서 일을 한다든지, 컴퓨터나 스마트폰, 태블릿PC 등을 사용하는 경우 무의식적으로 머리가 앞으로 숙여지는데 의사들 역시 이러한 잘못된 자세로 근무하다 보면 일자목이 생기게 되죠.

그중에서도 소아청소년과는 문진을 위주로 하는 타과보

다 진찰을 꼼꼼하게 해요. 아이를 의자에 앉혀놓고 청진을 하거나 입안, 양쪽 귀, 코 안 등을 진찰하는데, 그러다 보면 팔을 자주 위로 들게 되죠. 하루 종일 팔을 위로 드는 동작을 반복적으로 수행하다 보면 어깨충돌증후군이 유발될 수 있어요. 이와 같은 질병이 생기면 염증으로 인해 통증이 발생하고, 이차적으로 통증 때문에 어깨 관절에 오십견이 올 수도 있고요. 또 오십견이 생기면 팔을 머리 위로 들어 올리는 것이 힘들게 되고, 목 디스크로 연결될 수도 있죠. 이러한 질병이 생기지 않도록 평소 바른 자세를 유지하고, 시간이 날 때마다 스트레칭을 해주는 것이 중요해요.

의사는 병균에 노출되기 쉬운 환경에서 일하기 때문에 간염이나 결핵 등의 감염에도 유의해야 해요. 서울대 보건대학원 백도명 교수팀이 의사로 근무하기 전과 후 B형과 C형 간염 항체가 생긴 사람의 증감 추이를 조사했는데 B형 간염 항체 보균자는 2배, C형 간염 항체 보균자는 3배로 늘었고 결핵에 걸리는 의사도 4배나 늘었다고 해요. 이들은 주로 피를 뽑거나 정맥 주사를 놓는 과정 혹은 수술 중에 감염되었다고 하고요. 의사들의 경우 아파도 시간적인 여유가 충분치 못하다 보니 정작 본인은 건강검진을 받기 어려운 실정이에요. 특히 개업의의 경우 주말까지 문을 여는 경우가 많아 진료를 마치고 방문할 수 있는 건강검진기관을 찾기가 어렵기도 하죠. 환자들의 건강도 중요하지만 의사들 역시 꾸준한 건강관리가 필요하다고 생각해요.

처음 의사가 되었을 때
가장 걱정됐던 점은 무엇인가요

편 처음 의사가 되었을 때 가장 걱정됐던 점은 무엇인가요?

제가 일했던 병원은 3차 병원이었어요. 규모 등에서 소위 말하는 빅 4 병원 중 하나였고요. 중증도가 그만큼 높았고 항상 중환자들이 많을 수밖에 없었죠. 소아혈액종양과, 소아심장과, 신생아과 같은 분과 파트에는 병세가 심한 아이들이 대부분이었어요. 혈압 등이 잘 유지되지 않아 여러 약물이 들어가야 하다 보니 몇 개나 되는 주사를 꼽고 있거나 기도삽관을 하고 기계호흡에 의존한 채 입원해 있는 아이들도 있었고요. 당시 실수로 약물이 바뀌어서 들어가거나 검사를 잘못해서 의료 사고가 일어나는 일이 간혹 있었어요. 전공의 생활을 처음 시작했을 때 매스컴을 통해 그런 뉴스를 접한 저는 내 실수로 인해 의료사고가 발생하는 일은 절대 없어야겠다고 생각했어요. 그런 사고를 내면 너무 큰 상처가 될 것 같아 당시엔 그게 가장 큰 걱정이었죠.

편 소아청소년과의사 생활을 하면서 가장 기억에 남는 순간은 언제였나요?

전공의 1년 차 겨울, 소아심장과에서 근무할 당시 병동에는 일곱 살 된 소정이라는 아이가 입원해 있었어요. 소정이는 다운증후군 진단을 받고 어릴 때 심실중격결손 수술을 받았죠. 이후 크면서 소아심장과 외래를 다니면서 추적 경과 관찰을 하고 있었는데, 당시 급성 폐렴으로 입원 치료를 받게 되었어요. 어느 주말 오후, 병동에 몇 시간째 앉아 일을 하고 있는데 제 근처를 배회하던 소정이가 갑자기 저에게 오더니 눈이 온다고 얘기해주었어요. 펑펑 내리는 첫눈을 바라보며 이런저런 얘기를 나누었는데, 소정이와 함께 웃다 보니 그동안 쌓인 피곤함과 외로움, 미움, 원망과 같은 답답한 마음들이 눈과 함께 모두 녹는 것만 같았어요. 그때를 생각하면 아직도 마음이 따뜻해져요. 당시엔 중환자도 많은 데다 업무량도 많아 마무리 짓지 못한 일들을 처리하다 보면 저녁 늦게야 집에 가는 일이 자주 있었어요. 게다가 소아심장과 병동은 어린이

병원이 아닌 심혈관센터 건물 내에 따로 있다 보니 다른 동료들과 같이 있지 못하고 혼자만 떨어져 일을 해야 하는 상황이었죠. 몸도 힘들었지만 가족들과 지내는 시간도 부족한데 대화를 나눌 동료들조차 주변에 없어 외롭기도 했어요. 그때 제게 힘이 되어준 건 환자와 보호자들이었어요. 병동에 앉아서 하루 종일 일을 하다 보면 아이들이 다가와 말을 건네기도 하고 보호자들이 먹을 것을 가져다주기도 했거든요. 힘든 시기를 통과하던 때라 그들의 따뜻한 응원과 격려가 큰 힘이 되어주었죠.

편 특별히 기억에 남는 진료 외의 활동이 있나요?

　몇 년 전 친구의 부탁으로 대한의사협회 회장 선거에 출마한 한 후보의 선거 캠프 활동을 도운 적이 있었어요. 몇 개월 동안 선거 캠프 활동을 열심히 돕다 보니 각계각층에 있는 많은 분들을 만나게 되었죠. 그전까지 저는 앞만 바라보면서 공부만 했었는데 그 활동을 계기로 사회에 대한 관심이 생겼

대한의사협회 선거캠프 활동 중

고 시야도 넓어지더군요. 평소에 봉사활동을 통해 다른 사람
을 돕고 있는데, 더 적극적으로 열심히 하자는 생각도 들었고
요. 봉사는 사회나 다른 사람을 위하는 일이지만 기쁜 마음으
로 하는 많은 일이 그렇듯 제가 오히려 배우고 얻는 것이 많
아요.

🔲 다른 분야로 진출이 가능한가요?

🔲 네. 그간의 경험을 토대로 보건복지부나 계통 기관, 보건소, 제약회사에서 일할 수도 있고, 국립과학수사연구원이나 국회의원과 같은 공무원 혹은 의학전문기자 같은 언론인이 될 수도 있죠.

편 현재의 삶에 만족하세요?

저는 나이가 들어서 할머니가 되었을 때 좋은 기억을 많이 가진 사람이었으면 해요. 그래서 늘 다른 사람과 나누며 살기 위해 애쓰고 스스로에게 당당하려고 노력하죠. 제 인생에서 직업은 가장 중요한 부분인데 직업을 통해 이런 제 바람을 실현할 수 있으니 정말 만족해요.

편 의사가 된 걸 후회한 적은 없나요?

이전에 다른 직업을 가졌으면 어땠을까 상상해본 적은 있죠. 노령화나 저출산 등의 사회문제가 부각되면서 선배나 동료 의사들이 우리의 앞날이 걱정된다는 얘길 하면 다른 전공을 선택했다면 어땠을까 생각해보기도 했어요. 다른 과 의사들을 동경한 적도 있었고요. 하지만 의사가 된 것 자체를 후회하지는 않아요. 그동안 배운 지식과 경험으로 사람들을 도와줄 수 있어서 정말 기쁘거든요. 고민의 시간을 거쳐온 덕분인지 이제는 아이들과 함께 할 수 있는 이 일이 저에게 잘 맞는 일이라는 확신이 들어요.

편 선생님이 가장 닮고 싶은 의사 상이 있나요?

앞서 얘기했던 모리스 위젤도 그렇지만 정식품의 故 정재원 명예회장의 얘기가 저에겐 참 인상적이었어요. 홀어머니 밑에서 가난하게 자란 정재원 회장은 상경한 후 대중목욕탕 심부름꾼부터 모자 가게 점원에 이르기까지 닥치는 대로 일을 했어요. 그러다 우연히 의학 강습소의 급사 자리를 얻게 되었고, 등사기를 밀며 강습소 학생들이 볼 강의 교재를 만들었죠. 강습소 학생들의 교육 자료를 복사하면서 독학을 했고 주경야독으로 의사고시에 매달려 스무 살이 되던 해에 의사검정시험에 합격했어요. 의대를 나와야 의사면허자격이 주어지는 지금과 달리 당시에는 5년 이상 경력이 있는 의사 밑에서 5년간 실습했다는 증명만 있으면 의사시험 자격이 주어졌다고 해요. 꼭 의대에 다니지 않아도 시험만으로 의사 자격증을 딸 수 있었던 거죠. 정재원 회장은 시험에 합격한 해인 1937년 서울성모병원의 의사가 되었어요. 이를 시작으로 수십 년간 평탄한 병원 생활을 해오던 그에게 인생을 바꿔놓는 사건이 생겼죠.

그가 성모병원에서 근무할 당시 뼈가 앙상하고 배만 볼록 솟아오른 갓난아기 환자가 병원에 왔어요. 차트를 보니 병명이 소화불량이었는데 왜 이런 증상이 생겼는지 알 수 없었고 치료방법도 몰라 아이는 결국 세상을 떠나게 되었죠. 이후에도 복부 팽만으로 병원을 찾은 적지 않은 신생아들이 설사만 하다 무력하게 죽어갔어요. 의사가 된 정재원 회장은 자책과 의문에서 헤어 나오지 못했고, 원인 모를 병으로 죽어가는 아이들을 언젠가는 반드시 고쳐야겠다고 다짐했대요. 그리고 43세가 되던 해에 그는 의사 초년병 시절에 접했던 소화불량에 걸린 신생아들을 고칠 방법을 찾기 위해 의학 선진국으로 떠나게 되었죠. 주변의 반대가 있었지만 중요한 선택의 기로에서 자신의 다짐을 생각했어요. 그에게는 아내와 여섯 자녀가 있었고 의사로서의 안정된 삶도 보장돼 있었어요. 하지만 아이들을 살려내야겠다는 의사로서의 사명감을 떨칠 수 없었죠. 방법을 찾기 위해 먼저 영국 런던대로 갔지만 뾰족한 수를 찾지 못하자 곧장 미국 샌프란시스코의 UC 메디컬센터로 건너가 미국에도 비슷한 증상을 가진 아이들이 있었는지 샅샅이 뒤지기 시작했어요. 그리고 마침내 1964년, 도서관에서 소아과 교재를 읽다가 유당불내증乳糖不耐症이라는 대목을 보고 20여 년간 지녀온 의문의 실마리가 풀리기 시작했죠.

유당불내증은 우유나 모유의 유당을 분해하는 효소가 부

족한 사람들에게 나타나는 증상인데, 이 증상을 가진 신생아
는 모유나 우유를 소화하지 못해 영양실조로 죽고 말죠. 이를
알게 된 그는 우유 대용식을 만드는 게 급선무란 생각이 들었
고, 어린 시절 어머니가 끓여줬던 콩국을 떠올렸어요. 콩에는
단백질과 탄수화물, 지방과 같은 필수영양소가 들어있지만
유당은 들어있지 않죠. 그 길로 한국으로 돌아와 서울 명동에
서 정소아과를 운영하며 아내와 함께 우유 대용식 개발에 매
달렸어요. 아내가 콩을 맷돌로 갈아 콩국을 만들면 그는 콩국
의 영양이 충분한지 분석했어요. 병원 지하에 실험용 흰쥐를
잔뜩 갖다 놓고 콩국을 먹인 쥐에게 유당불내증이 나타나는
지 등을 실험했죠. 주변에선 정소아과 원장이 미국에 다녀오
더니 이상해졌다고 수군댔고, 쥐를 키운다는 비난을 받기도
했어요. 이렇게 3년 남짓 연구한 끝에 두유를 개발해냈고, 이
것을 설사병에 걸린 신생아들에게 먹여보았어요. 병상의 아
이들은 눈을 뜨면서 기력을 차리기 시작했죠. 정재원 회장 인
생에서 최고로 기뻤던 순간이라고 해요.

　설사병을 앓는 아이의 부모들 사이에서는 정소아과가 용
하다는 입소문이 났고 나중엔 전국 각지에서 그를 찾아왔어
요. 그렇게 환자가 몰리자 두유가 부족해졌고, 아픈 아이들에

게 부족함 없이 두유를 주고 싶다는 생각은 커져만 갔죠. 결국 정재원 회장은 1973년 정식품이란 회사를 세워 두유를 대량 생산하게 되었어요. 콩국이 식물성 우유라는 점에 착안해 식물(Vegetable)과 우유(Milk)의 영문명을 합쳐 베지밀이라는 이름을 지었고요. 당시 56세였던 그에게 창업은 진료와는 차원이 전혀 다른 새로운 도전이었지만 신생아들을 살리기 위해선 꼭 필요한 일이었죠. 지금은 고인이 되셨지만 70대까지도 콩 관련 학회에서 영어로 논문을 발표하고, 그 이후 100세가 될 때까지도 자기 계발을 게을리하지 않았으며 영어를 잊지 않기 위해 계속해서 영어 공부를 했다고 해요.

저는 환자를 위한 사명감을 갖고 끊임없이 연구하며, 나이가 들어서도 주변과 타협하기보다는 신념을 갖고 계속해서 도전하고 자기 계발을 위해 노력하는 정재원 회장의 모습을 본받고 싶어요. 마지막으로 정재원 회장의 인터뷰에서 읽었던 인상적인 구문 하나를 소개하고 싶어요. "금수저나 흙수저라는 단어가 유행이 된 이후 자신이 흙수저임을 한탄하는 청년들을 바라볼 때마다 참 안타깝습니다. 타고난 금수저나 흙수저는 없어요. 뜻을 세우고 굽히지 않으면 길이 생기고, 소원은 이루어집니다. 현실에 안주하는 무기력한 삶을 살기보다는 끊임없이 도전해서 스스로 운명을 개척해나가야 합니다. 지금 힘들어도 좌절하지 마세요. 단 한 번 사는 인생, 흙수저라 한탄만 하며 시간을 보내기엔 인생이 너무 짧습니다. 많은 시련과 절망이 있을 수 있겠지만 끝까지 실천하면 반드시 그 뜻을 이룰 수 있습니다."

편 다시 태어나도 의사가 되고 싶으세요?

히포크라테스 선서 중 좋아하는 구절이 하나 있어요. 종교나 국적이나 인종이나 정치적 입장이나 사회적 신분을 초월하여 오직 환자에 대한 나의 의무를 다하겠다는 부분이죠. 의사는 어떠한 이념이나 체제와 관계없이 오직 사람의 생명과 건강을 위해 아픈 사람들을 보다 건강할 수 있게 도와주어야 해요. 국경없는의사회는 약 70개국에서 450여 개의 프로그램을 운영하는 국제 민간 인도주의 의료 구호단체인데요. 고난에 처하거나 자연재해, 인재, 혹은 무력 분쟁으로 고통받는 사람들을 인종이나 종교, 혹은 정치적 신념에 관계없이 돕고 있어요. 북한이탈주민의 사회 정착을 지원하는 하나원에서는 새터민들의 정신적 안정을 돕기도 하고 북한에 봉사원들을 파견하기도 해요. 때로는 소말리아 같은 위험지역에까

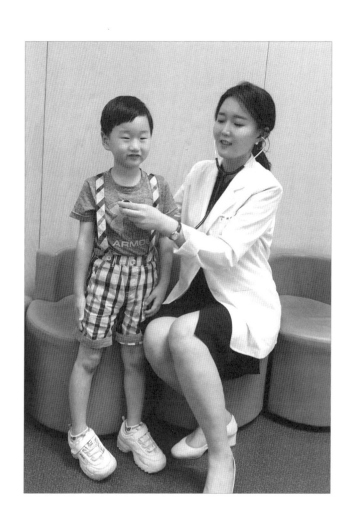

지 전문 인력을 파견하기도 하죠. 이런 단체들의 활동은 의사로서의 사명에 대해 깨닫는 계기를 마련해주었어요. 의사라는 직업에 더욱 매력을 느끼게 해주었고요. 그렇지만 다시 태어나서도 지금처럼 거의 20년간을 꾸준히 그리고 열심히 공부할 수 있을지는 잘 모르겠어요. ^^;;

나도
소아청소년과의사

Pediatrics

Case_1

여러분은 수련의 과정을 모두 마치고 소아청소년과 전문의가 되었어요. 작은 병원을 개원해 어린 환자들을 치료하고 있죠. 오늘의 첫 환자는 세 살 된 남자 아이네요. 오른쪽 귀가 아프다고 하는데, 어떤 순서로 아이를 진료해야 할까요? 앞서 제가 얘기한 내용들과 자신이 병원에 갔던 경험을 떠올려보며 진료 순서를 적어보세요.

Tip_1

의사는 환자 개개인의 진료 기록부를 작성해요. 진료 기록부란 의사가 진료한 결과를 적은 것으로 환자의 병력과 진료 소견, 치료 내용 등이 기록되어 있죠. 이는 추후에 법적 자료로 활용될 수 있어 매우 중요하며, 필요한 내용을 위주로 기재하되 문제 사항이 있다면 함께 기재해요. 의사는 자신이 작성한 진료기록을 10년 이상 보존할 의무를 지니고 있어요. 진료기록 관리에 대한 의무도 있고요. 참고로 법적인 보존 기간은 10년이지만 대부분의 병원에서는 영구 보존하고 있죠.

날짜, 나이, 성별, 주소, 주민등록번호, 보험 기호, 피부양자 성명, 소속 및 근무처와 같은 개인 신상정보

Chief Compleints (주증상 혹은 주호소)

환자가 진료를 받으러 오거나 입원했을 때 의료진이 제일 먼저 물어보는 말은 가장 아픈 부위가 어디인지인데요. 어디가 아프냐고 물어봤을 때 배가 아프다고 한다면 배가 아픈 것이 바로 주호소가 되는 것이죠.

- Onset (시작 시간, 발병 시간)
- Aggravation(agg.) (악화된 시간)
- Duration (지속 시간)

Present Illness (현 병력, 환자에게 어떻게 증상이 나타나게 되었는지 구체적으로 서술)

의사가 환자에게 언제부터 아팠는지, 다친 것인지 혹은 사고에 의한 것인지 등 어떻게 증상이 나타나게 되었는지를 묻는 부분이에요.

Past History (과거 병력, 환자가 과거에 걸렸던 질병이나 치료법에 관한 정보)

기관지염, 중이염, 장염 같은 일반적인 질병들을 기록하지는 않아요. 과거에 수술한 적이 있었는지 현재 고혈압이나 당뇨, 심장질환과 같은 기저질환을 앓고 있는지 등을 자세히 묻고 기록하게 되죠. 기저질환은 환자의 증상이나 질병과 연관이 있을 수 있고 투약이나 치료에도 영향을 줄 수 있기 때문이에요. 기저질환 등으로 인해 환자가 지속적으로 투여하는 약물이 있다면 함께 기록해요. 또한, 과거 약물에 대한 부작용이 있었는지 아니면 특정 음식이나 물건에 대해 알레르기 반응이 있는지도 확인해야 하죠. 일반적으로는 HTN/DM/Tbc/CVA(고혈압/당뇨/결핵/뇌경색)을 표기하지만 소아청소년과에서 주로 발생하는 질병들이 아니기 때문에 소아청소년과에서 의미가 있을 수 있는 질환들에 대해 따로 과거력을 기록해두기도 해요. 예를 들어 모세기관지염, 아토피 피부염, 열성 경련, 가와사키 병 등은 발병 이후에도 아이의 경과에 영향을 줄 수 있으므로 이를 고려하여 진찰하고 설명 및 처방하도록 기록하고 있죠.

Family History (가족력, 특정 질병에 대해 가족 내에 병력이 있는 경우 이를 가족력 질환이라고 함)

본인을 중심으로 직계 가족 3대의 병력을 확인해서 두 명 이상이 같은 질병이 있을 경우 가족력이 있다고 판단하는데, 질병을 미리 예측하거나 조기 진단하고 예방하는 데 도움이 되기 때문에 중요한 의미가 있어요. 가족력 질환으로는 고혈압, 당뇨, 고지혈증, 비만을 포함하는 생활습관병과 일부 암을 들 수 있는데요. 비슷한 병이 발생할 확률을 정확히 예측하기는 어려우며, 가족력이 있다고 반드시 병이 발병하는 것은 아니에요. 다양한 유전 정보의 전달뿐만 아니라 식생활, 직업 등의 환경 요인이 함께 작용하는 복합적 요인에 의해 발생하죠. 가족력 질환은 흔히 유전성 질환과 혼동되기도 해요. 유전성 질환의 경우 다음 세대에 특정 유전 정보가 전달되는 한 가지 기전으로 질병이 발생하는 염색체 이상이나 유전자 이상에 의한 다운증후군, 혈우병, 적록 색맹 등을 들 수 있으며, 돌연변이에 의한 염색체 변이가 아닌 경우라면 비교적 다음 세대에 질병이 생길 확률을 정확히 예측할 수 있으나 본인 스스로 질병을 예방할 방법은 없어요.

Review Of System (계통별 문진)

환자의 증상에 대해 각 기관별로 청취하는 것을 말하며 징후를 간과하지 않기 위해 실행해요.

General Weakness 쇠약감 □
Fatigue 피로 □
Fever 열 □
Chill 오한 □
Sweating 발한 □
Itching Sense 가려운 감각 □
Skin Rash 피부 발진 □
Headache 두통 □
Dizziness 어지러움 □
Vertigo 현훈 □
Loss of Hearing 청력 손실 □
Tinnitus 귀울림 □
Otalgia 이통 □
C/S/R:
Cough 기침 □
Sputum 가래 □
Rhinorrhea 콧물 □
Loss of Vision 시력 손실 □
Visual Disturbance 시력장애, 시각장애 □
Excessive Lacrimation 과다 눈물 분비 □
Abrasion 찰과상 □
Scratch 긁힌 상처 □
Contusion 타박상 □
Laceration 열상 □
Bruise 멍 □

A/N/V/D/C:
Anorexia 식욕부진 □
Nausea 오심 □
Vomiting 구토 □
Diarrhea 설사 □
Constipation 변비 □
Dysphagia 연하곤란 □
Dyspepsia 소화불량 □

Dyspnea 호흡곤란 □
Palpitation 심계항진 □
Orthopnea 기좌호흡 □
Hemotemesis 토혈 □
Chest Pain 가슴 통증 □
Hemoptysis 객혈 □
Chest Discomfort 흉부 불편감, 답답함 □

Abdomen Pain 복통 □
Epigastric Pain 상복부 통증 □
RUQ Pain 우상복부 통증 □
RLQ Pain 우하복부 통증 □
LUQ Pain 좌상복부 통증 □
LLQ Pain 좌하복부 통증 □
Hematochezia 혈변 □
Melena 흑색변 □

Dysuria 배뇨장애 □
Urinary Incontinence 요실금 □
Fecal Incontinence 대변실금 □
Frequency Urination 빈뇨 □
Hematuria 혈뇨 □
Oliguria 핍뇨 □

Physical Examination (신체검진, 질병을 진단하기 위해 환자의 몸을 보는 진단으로 만지는 진단, 두드리는 진단, 듣는 진단 등을 통하여 검사하는 것)

BP(Blood Pessure) 혈압
PR(Pulse Rate) 맥박
RR(Respiratory Rate) 호흡
BT(Body Temperature) 체온
Acute 급성
chronic 만성
HEENT&Neck: 머리, 눈, 귀, 코, 인후&목
Pale Conjunctivae 창백한 결막
Throat Injection 목 충혈
Icteric 황달의
Dehydrated Tongue 건조한 혀

Soft 부드러움
Flat 편평
Normoactive Bowel Sound 정상 장음
Tenderness 압통
Rigid 경축
Expanded 확장된, 넓어진
Organomegaly 장기비대
Rebound Tenderness 반발 압통

Chest Expansion 가슴 팽창
Clear Breathing Sound 정상호흡음
Rale 수포음
Wheezing 천명음
murmur 잡음
stridor 협착음, 그렁거림

Pretibial Pitting Edema 함요부종
CVA Tenderness 늑골 척추각 압통

Impression(추정진단)을 먼저 내리고 나서 진단과 관련된 검사 시행 후 Final Diagnosis(최종 진단)을 내리기도 해요.

Tip_2

진료 기록부 작성방법에 대해 알려드렸으니, 이제 내원한 환자의 진료 기록부를 작성해볼까요?

Chief Complaint:	Rt. Otalgia
Present Illness:	만 2세 된 남자, 특이 과거력 없던 환아로 환아 내원 전일부터 시작된 오른쪽 이통을 주소로 내원하였다. 15kg
Past History:	Birth Hx. 40주- 3.2kg- c/sec
	No Perinatal Problem
	Vaccination Hx. Done as Scheduled
Social History:	어린이집 (-) (-: 안 다닌다는 뜻)
Family History:	
Review Of System:	
Physical Exam:	발적 있고, 삼출물 있음
Diagnosis:	Rt. tm Grade 5
	Impression Acute Otitis Media, Rt.
치료 계획:	Amoxicillin 4-50mg/kg/day #3 4days

오른쪽 이통

오른쪽 고막 5단계. 고막의 팽만이나 발적의 정도에 따라 Grade를 나눠요. Grade 0이면 정상 고막 소견이며, 보통 Grade가 높아질수록 중이염이 심하다는 뜻이죠.

급성 중이염, 오른쪽

경구 항생제 Amoxicillin 하루에 kg당 40~50mg 처방, 3번으로 나누어 복용이란 뜻이에요. 환아의 몸무게가 15kg이므로 750mg를 하루 3번으로 나누어 복용하도록 하면 되겠죠. 4일 후 외래에 내원하여 경과 관찰하도록 하고요. 소아청소년과에서는 환자의 체중에 따라 약의 용량이 달라지며, 때로는 나이에 따라서도 약의 용량이 달라지기 때문에 진찰 전 예진을 할 때 체중을 체크해 약 처방에 반영하고 있어요.

두 번째 환자는 한 살 된 아기예요. 엄마와 함께 예방접종을 하러 왔네요. 예방접종에도 여러 가지 종류가 있다는 건 아시죠? 오늘 내원한 아기는 그중 어떤 예방접종을 할 차례일까요? 또 예방접종은 어떤 순서로 진행해야 할지 생각해보세요.

Tip_1

대한민국의 만 12세 이하 어린이라면 감염병 예방을 위해 꼭 필요한 예방접종 서비스를 가까운 의료기관에서 무료로 받을 수 있어요. 예방접종 일정표에 따라 아이의 개월 수에 맞게 순차적으로 예방접종을 하면 되죠. 접종은 보건소와 의료기관에서 할 수 있고요. 예방접종을 하러 병원에 오면 먼저 예진을 하게 돼요. 예진은 주로 간호사가 하며 체온 등의 활력 징후를 체크하고 과거력, 가족력, 예방접종력을 확인하죠. 이전에 맞은 예방접종 내역을 보호자가 가지고 온 수첩에서 확인하고, 국가예방접종 사이트에 등록되어 있는 내용도 체크해야 해요. 확인이 모두 끝나고 진료실에 들어가면 의사가 계통별 문진, 진찰 후 접종을 결정해요. 예방접종 일정대로 빠짐없이 맞은 아이라면 오늘은 만 1세가 맞아야 하는 접종 중 수두와 MMR 두 가지를 접종하기로 해요. 알코올로 접종 부위를 닦고 오른쪽 팔 피하에 수두, 왼쪽 팔 피하에 MMR 접종을 시행하죠. 각 예방접종 성분마다 접종 경로는 달라요. 접종 후에는 맞은 부위를 다시 확인하고 접착식 테이프를 붙여주고요. 마지막으로 다음 접종인 일본뇌염과 A형간염은 일주일 뒤에 맞기로 계획하고, 오늘 귀가 후 주의해야 할 상황을 알려 줘요. 수두 접종 후에는 발적이나 압통, 통증, 발열, 수포성 발진 그리고 드물게 대상포진 등의 이상반응이 있을 수 있어요. MMR 접종 후에는 통증이나 압통, 발열, 발진, 경련, 관절통, 고환염, 혈소판 감소증, 소양감, 이하선염, 림프절 비대, 난청, 그리고 매우 드물게 뇌염, 무균성 수막염, 뇌증과 같은 중추신경계 이상반응이 올 수 있고요.

Tip_2

0~4주	결핵(BCG 피내용)	생후 4주 이내 접종
0~6개월	B형 간염	3회 접종(0, 1, 6개월)
2~15개월	뇌수막염(Hib)	3회 접종(2, 4, 6개월), 추가접종(12~15개월)
2개월~만 6세	소아마비(폴리오)	3회 접종(2, 4, 6개월), 추가접종(만 4~6세)
2~59개월	폐렴구균(단백결합백신 10가, 13가)	3회 접종(2, 4, 6개월), 추가접종(12~15개월)
2개월~만 12세	디프테리아 / 파상풍 / 백일해(DPT)	3회 접종(2, 4, 6개월), 추가접종(15~18개월, 만 4~6세, 만 11~12세)
2개월~만 6세	디프테리아 / 파상풍 / 백일해 +폴리오(콤보 백신)	3회 접종(2, 4, 6개월), 추가접종(만 4~6세)
12~15개월	수두	1회 접종(12~15개월), 추가접종(만 4~6세)
12~15개월	홍역 / 유행성이하선염 / 풍진(MMR)	1회 접종(12~15개월), 추가접종(만 4~6세)
12~35개월	일본뇌염(생백신)	1회 접종(12~24개월), 추가접종(12개월 후)
12개월~만 12세	일본뇌염(사백신)	3회 접종(12~36개월), 추가접종(만 6세, 12세)
6개월~만 4세	인플루엔자	우선 접종 권장 대상자
24개월~만 12세	장티푸스	고위험군에 한하여 접종

Tip_3

접종을 일정대로 하지 않아 지연된 경우 따라잡기 예방접종표를 참조하여 접종을 결정해야 해요. 아이가 이전에 접종했던 내역에 따라 접종 일정이 달라지겠죠?

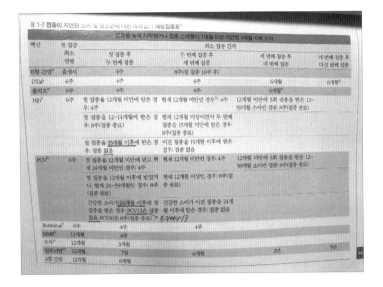

표 1-2 접종이 지연된 소아 및 청소년에 대한 따라잡기 예방접종표

백신	첫 접종 최소 연령	접종을 늦게 시작하거나 접종 스케줄이 1개월 이상 지연된 4개월-6세 소아			
			최소 접종 간격		
		첫 접종 후 두 번째 접종	두 번째 접종 후 세 번째 접종	세 번째 접종 후 네 번째 접종	네 번째 접종 후 다섯 번째 접종
B형 간염	출생시	4주	8주(첫 접종 16주 후)		
DTaP	6주	4주	4주	6개월	6개월
폴리오	6주	4주	4주	6개월	
Hib	6주	첫 접종을 12개월 미만에 받은 경우: 4주	현재 12개월 미만인 경우: 4주	12개월 미만에 3회 접종을 받은 12-59개월 소아만 접종: 8주(접종 종료)	
		첫 접종을 12~14개월에 받은 경우: 8주(접종 종료)	현재 12개월 이상이면서 두 번째 접종을 15개월 미만에 받은 경우: 8주(접종 종료)		
		첫 접종을 15개월 이후에 받은 경우: 접종 없음	이전 접종을 15개월 이후에 받은 경우: 접종 없음		
PCV	6주	첫 접종을 12개월 미만에 받고 현재 24개월 미만인 경우: 4주	현재 12개월 미만인 경우: 4주	12개월 미만에 3회 접종을 받은 12-59개월 소아만 접종: 8주(접종 종료)	
		첫 접종을 12개월 이후에 받았거나, 현재 24-59개월인 경우: 8주(접종 종료)	현재 12개월 이상인 경우: 8주(접종 종료)		
		건강한 소아가 24개월 이후에 첫 접종을 받은 경우: PCV13은 접종 없음, PCV10은 8주(접종 종료) 도리어나/13	건강한 소아가 이전 접종을 24개월 이후에 받은 경우: 접종 없음		
Rotavirus	6주	4주	4주		
MMR	12개월	4주			
수두	12개월	3개월			
일본뇌염	12개월	7일	6개월	2년	9년
A형 간염	12개월	6개월			

백신	첫 접종 최소 연령	최소 접종 간격		
		첫 접종 후 두 번째 접종	두 번째 접종 후 세 번째 접종	세 번째 접종 후 추가접종
B형 간염[1]	출생시	4주	8주(첫 접종 16주 후)	
Tdap[2]/Td	7세	4주	첫 접종을 12개월 미만에 받은 경우: 4주 첫 접종을 12개월 이후에 받은 경우: 6개월	첫 접종을 12개월 미만에 받은 경우: 6개월 첫 접종을 12개월 이후에 받은 경우: 10년
폴리오[3]	6주	4주	4주	6개월
MMR	12개월	4주		
수두[4]	12개월	면역이 없는 13세 이상 청소 년 4주		
일본뇌염[5]	12개월	7일	6개월	2년
A형 간염	12개월	6개월		
HPV[6]	9세	권장 접종 간격	권장 접종 간격	

[1] 각 백신에 대한 각 장(chapter)의 상세 설명과 백신의 약물 설명서를 참고한다.
[2] 예방접종력이 없는 소아청소년에서 3회 접종한다. 세 번째 접종의 최소연령은 24주이다.
[3] 6개월까지는 폴리오바이러스에 곧 노출될 것이 예상되는 경우에만 최소연령과 최소접종간격으로 접종하고 그 외에는 권장 간격으로 접종한다. 마지막 접종은 이전 접종과 6개월 이상의 간격을 두고 4세 이후로 한다. 세 번째 접종을 두 번째 접종과 6개월 이상의 간격을 두고 4세 이후에 받은 경우 네 번째 접종은 하지 않는다. 단, 세 번의 접종을 경구용 생백신 또는 추가용 분류성화 백신 중 한가지로만 일관되게 접종받지 않은 경우는 네 번째 접종이 필요하다.
(Hib와 PCV는 5세 이후에는 접종이 추천되지 않는다(예외, 고위험군, Hib장애와 PCV장 참고).
[4] 현재 12개월 미만인 소아가 이전에 1차와 2차 접종을 PRP-OMP로 받은 경우에는 2차 접종과 최소 8주 이상의 간격을 두고 12~15개월에 마지막 3차 접종을 시행한다.
[5] 로타바이러스 백신의 첫 접종을 시작할 수 있는 나이는 14주 6일까지이며, 마지막 접종은 8개월 0일 이내에 완료한다. 15주 0일부터는 접종을 시작하지 않는다.
[6] MMR 2차 접종은 4~6세에 접종하지만, 필요한 경우 그 전이라도 1차와 4주 간격으로 접종할 수 있다.
[7] 수두 백신을 이미 1회 접종을 받은 12개월~12세 소아가 수두가 유행하는 기관에 다니는 경우 첫 접종과 3개월 이상의 간격으로 두 번째 접종을 받을 수 있다.
[8] 불활성화 백신의 세 번째 접종을 4~9세에 할 경우는 12세에 네 번째 접종을 하고 종료하며, 세 번째 또는 네 번째 접종을 10세 이후에 할 경우는 다음 접종 없이 종료한다. 생백신은 첫 번째 접종과 두 번째 접종의 간격은 12개월이며, 두 번째 접종으로 종료한다.
[9] Tdap/Td의 총접종 횟수는 이전의 DTaP 접종 횟수를 포함한다. 7세 이후에는 Td 또는 Tdap으로 접종하는데, 이 중 한 번은 Tdap으로 하되 가급적 Tdap을 먼저 접종하고 그 다음 순서를 Td로 접종한다.
[10] 전에 HPV 백신을 접종받지 않은 13~18세 여성에게 접종한다. 1차 접종 후 1개월(서바릭스) 또는 2개월(가다실)에 2차 접종, 1차 후 6개월에 3차 접종한다.

소아청소년과의사

업무 엿보기

Pediatrics

저는 의대를 졸업하고 수련을 마친 후 소아청소년과 전문의가 되었어요. 지금은 종합병원에서 일하고 있죠. 오늘 저와 함께 다니면서 소아청소년과의사는 어떤 일을 하는지, 의사의 하루는 어떻게 돌아가는지 경험해보실래요?

출근

보통 8시까지는 병원에 도착해서 차트를 확인하고 환자를 파악해요. 밤새 당직 간호사들이 환자에 대해 전자차트에 기록해 놓은 것을 보고 열이 났는지 기침을 많이 했는지 다른 문제없이 잘 지냈는지 등을 확인하죠. 어제 회진 후에 검사를 한 것이 있으면 회진 때 환자에게 설명해줄 검사 결과를 종이로 된 환자 명단에 미리 적어 두고요.

이제 가운을 입고 병동으로 가볼까요?

병동 입원 환자 회진

병동에 도착하면 우선 스테이션으로 가서 담당 간호사에게 밤 동안 환자의 변화나 특이사항이 있었는지 확인해요. 회진을 돌 때는 환자에게 아침 회진 전에 한 검사 결과를 설명해주고, 보호자가 궁금해하는 것이 있으면 듣고 대답해주기도 하죠. 가끔 집에 가고 싶다고 투정 부리는 아이가 있으면 오늘 치료를 잘 받으면 내일 갈 수 있다고 약속도 해주고요. 회진 후에는 입원 환자의 증상 변화나 진찰 소견에 따라 약을 추가하거나 삭제하여 새로 처방하기도 해요.

진료 시작

어젯밤부터 열이 나기 시작한 중학생 아이가 왔어요. 고열이 여러 번 났다고 하는데요. 요즘 B형 독감이 유행이라 학교에서 독감 검사를 해보라고 했대요. 긴 면봉처럼 생긴 검사 도구를 코에 깊이 넣어서 검체를 얻어요. 아이가 코가 아프다고 하네요. 10분 정도 후에 검사 결과를 확인하니 Influenza Virus B: 양성 소견이네요. 아이에게 B형 독감의 경과에 대해 이야기해주고, 약을 복용할 때 주의해야 할 점에 대해 설명해줘요. 고열이 심해 입원하기로 결정했고요. 제가 입원 처방을 내면 보호자는 입원 수속 진행 후에 배정받은 병실로 가죠. 아이는 입원 검사를 하고 수액치료를 받으면서 처방된 약을 복용하기 시작하고요.

귀여운 하루가 왔네요! 하루는 주사도 울지 않고 잘 맞는 씩씩하고 명랑한 아이예요. 얼마 전에는 엄마에게만 보여준다는 귀여운 춤까지 보여줬는데, 얼마나 귀여웠는지 몰라요. 며칠간 콧물 증상이 있어 오늘 내원했는데 저런~ 진찰을 해보니 중이염이 생겼네요. 항생제를 포함한 경구약을 처방하고 3일 후에 다시 내원해서 경과를 확인하기로 했어요.

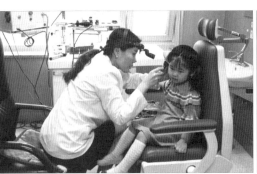 

 점심시간

오전 진료가 모두 끝났어요. 한 시간 동안 점심 식사를 하고 진료실에서 휴식을 취해요.

오후 진료 시작

나음이는 6개월 된 여자아이예요. 나음이 오빠가 만성기침 증상으로 내원하여 치료받았던 인연으로 나음이 역시 출생 후부터 예방접종을 받으러 이 병원에 오고 있죠. 접종을 여러 번 하다 보니 이제는 주사 맞는 것을 미리 아는 것 같아요. 오늘은 주사를 놓기 전에 다리를 잡기만 했는데도 우네요!

외래 진료 중에 다른 과에서 협진을 받아요. 다리 골절로 정형외과에 입원 중인 아이인데, 입원 전부터 콧물 증상이 있어 소아청소년과 진료를 보고 약을 처방받고 싶다고 하네요. 협진 내용을 확인하고 아이를 진료한 후 약을 처방해요. 협진에 대한 답변을 작성하고요. 이렇게 종합병원에서는 타과와 협업으로 한 환자를 함께 진료하기도 해요.

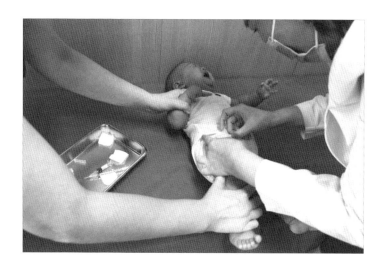

병동 입원 환자 회진

오전에 입원한 환자들에게 입원 검사 결과를 설명해줘요. 흉부 X선 검사와 피 검사 결과 등을 알려주고, 약을 먹기가 힘들지는 않은지 등 불편한 점이나 새로 생긴 증상들은 없는지 확인하고요. 기존에 입원해 있는 다른 환아들도 경과를 확인하고 진찰해요. 오후 회진 시에는 다음 날 오전에 퇴원할 환자도 결정해요.

퇴근

오후 진료를 마무리하고 퇴근해요.

인터뷰 속의
인터뷰

Pediatrics

조병국 선생님은 6·25전쟁 동안 버려진 아이들을 보고 의과대학 진학을 결정하게 되었고, 세브란스병원 졸업 후 소아과 전문의 자격증을 취득했어요. 50년 동안 서울시립아동병원, 홀트아동복지회 부속의원에서 입양아들을 진료하면서 겪은 일화들을 엮어 『할머니의사 청진기를 놓다』라는 책으로 쓰셨죠.

Q 소아청소년과의사를 선택한 이유가 있나요?

의료시설이 부족하던 시절 두 명의 동생들을 잃은 경험과 6·25전쟁 동안 버려진 아이들을 보았던 것이 의과대학 진학을 결심하게 했어요. 어릴 때부터 자주 아파서 병원에 종종 갔는데 그래서인지 소아과가 친숙했고요. 고민하지 않고 처음부터 소아청소년과의사가 되고 싶었고 전공으로 선택했죠.

Q 이 직업의 매력은 무엇인가요?

소아청소년과의사의 매력은 무엇보다도 귀여운 아이들

과 함께 할 수 있다는 거예요. 기관에서 아이들을 보다 보면 어느 때는 정말 예뻐서 입양 보내기 아까울 정도거든요. 얼마 전에 신생아 남아의 고환을 진찰하는데, 진찰받던 아기가 갑자기 소변을 보더라고요. 그 순간 소변을 피해야 하는데 오히려 소변을 제 양 손바닥에 담았죠. 주위 사람들은 그 모습을 재밌어하며 웃었지만 저는 제 손바닥에 담긴 그 소변이 더럽다는 생각이 전혀 들지 않았어요. 아이들은 모두 고귀하고 아름답죠. 그런 아이들을 진찰할 수 있는 것이 바로 이 일의 매력 중 하나라고 생각해요.

Q 힘든 점도 많을 것 같은데요?

입양기관에서 아이를 가정으로 입양시키고 난 후 성장과정에서 새로운 문제가 나타날 때가 가끔 있어요. 저는 아이를 가정으로 입양 보내기 전에 꼼꼼하게 진찰하고 몇 개월 동안 충분히 관찰하는데요. 발달 지연 등의 문제는 아이가 아주 어릴 때는 뚜렷하게 보이지 않아 알기 어려운 경우가 있어요. 특히 가족력의 경우는 문진으로 파악해야 하는데 부모를 알 수 없는 경우나 아이가 버려지는 경우에는 파악하기가 힘들죠. 미국으로 입양시킨 아이가 있었는데 20살이 되어 콩팥에 문제가 생겼다며 양부모가 아이의 가족력에 대해 문의를 하는 경우도 있었어요.

Q 기억에 남는 아이나 순간이 있을까요?

기억에 남는 아이들은 너무 많지만 그중에서도 영수가 특별히 생각나네요. 뇌성마비인 영수는 아홉 살 때 집안 사정으로 인해 보육원에 맡겨졌다가 홀트를 통해 미국으로 입양된 아이였어요. 그곳에서 의과대학생이 되었는데 모국 방문 행사를 통해 우연히 다시 만나게 되었죠. 편치 않은 몸에 말도 통하지 않는 낯선 땅에서 훌륭하게 성장한 걸 보니 감격스러웠지요. 이후 영수는 결혼을 했고 홀트에서 첫 딸을 입양하기도 했어요. 둘째 딸아이 이름은 제 이름을 따서 지었죠. 지금도 가깝게 지내고 있어요. 장애에 굴하지 않는 의지와 따뜻하고 열린 마음을 가진 영수를 보면서 늘 감동하며 배우게 되네요.

선천성 심장병을 가진 상태로 미국으로 입양된 후에 다섯 살 때 심장 수술을 받은 후 결국 사망한 아이가 있었어요. 당시 아이가 입양된 가정에 동생이 하나 있었는데 성인이 되어 저희 기관으로 언니 사진을 들고 찾아왔죠. 동생은 언니가 어릴 때 있었던 곳을 보고 싶어 일부러 찾아왔다고 했어요. 이후에도 매년 크리스마스 때면 언니가 수술을 받았던 병원으로 케이크를 보내고 병원 내에 입양아를 위한 공간까지 마련했다고 해요. 언니를 기리고 있는 모습이 참 인상 깊었어요.

Q 성취감을 느낄 때가 많을 것 같은데 어떠세요?

위에서 말한 영수는 재활의학으로 유명한 병원에서 재활의학과의사로 일하고 있어요. 구순열, 구개열로 36차례 교정수술을 받고 난 후 성인이 되어 언어치료사로 일하고 있는 아이도 있고요. 이렇게 저희 기관을 통해 입양된 아이들이 사회사업가나 목사, 의사 등 사회에 공헌하는 전문인으로 성장한 것을 보았을 때 특히 성취감과 보람을 느껴요.

Q 청소년들은 학창시절에 어떤 준비를 하면 좋을까요?

현재 우리나라는 저출산 문제가 심각한데 이런 현실적인 문제도 진로를 선택할 때 고려했으면 해요. 학창시절에 입양관련 기관에서 미리 봉사활동을 해보는 것도 좋겠고요. 소아청소년과로 진로를 생각하고 있다면 의과대학에 다니고 있거나 인턴 수련 과정 중에 봉사활동을 하면서 아이들을 직, 간접적으로 관찰하고 진찰해보는 것이죠. 소아청소년과가 본인의 적성에 맞는지 확인할 수 있는 기회이기도 하지만 소아청소년과의사가 되고 나서도 선천성 이상이 있는 아이를 감별하는 데 도움이 될 수 있겠네요.

Q 소아청소년과과의사를 꿈꾸는 청소년들에게 하고 싶은 말이 있나요?

진로 문제를 떠나서 얘기하고 싶은 것이 하나 있어요. 저희 기관에서는 임신한 미성년자들을 보호하게 되는 경우도 있는데, 안타깝게도 출산 후에 아기와 엄마를 보러 오는 아빠는 단 한 명 밖에 보지 못했죠. 이런 일들을 계속해서 겪으면서 성교육이나 피임교육의 중요성도 생각했지만 무엇보다 청소년들이 책임감 있게 행동했으면 좋겠다는 생각이 들었어요.

조병국 선생님은 입양아들의 어머니라고 불릴 정도로 아이들을 위해 한 평생 살아오신 분이에요. 몇 년 전부터는 홀트복지타운에서 장애인들을 돌보고 계시는데요. 사랑의 집에 있는 중증장애 아이들은 선생님의 관리 덕에 하루 24시간을 누워 지내도 욕창 하나 없이 잘 지내고 있었어요. 사랑을 듬뿍

받고 자란 만큼 저에게 한없이 밝게 웃어주는 모습이 감동적이었죠. 선생님께서는 인터뷰를 통해 입양아들에 대한 사회적 제도의 부족, 입양 후 사후 관리 등의 아쉬운 점도 말씀해 주셨는데요. 현장에서 겪은 생생한 경험들이 경험으로만 끝나는 것이 아니라 복지정책에도 반영되면 좋겠다는 생각이 들었어요.

박인숙 교수는 서울대 의대를 졸업한 후 미국 휴스턴 배일러 의대, 텍사스 아동병원과 텍사스 심장병원에서 13년간 소아심장학을 전공하고, 귀국 후 울산대 의대, 서울아산병원에서 소아심장과 교수로 재직했어요. 30년 이상 모은 자료와 진료지침을 집대성한 선천성 심장병 교과서는 이 분야 의료인들의 필독서가 되었죠. 유전체연구센터장, 희귀난치성질환센터장, 우리나라 최초의 선출직 여성 의대 학장을 역임하였으며, 19대 국회의원을 거쳐 현재 20대 국회의원으로 활동 중이에요.

Q 소아청소년과의사를 선택한 이유가 있나요?

인턴 1년을 마치고 레지던트 수련을 받기 전 미국에 가 있었어요. 미국 수련 시작일과 입국 비자 일이 맞지 않다 보니 1년 정도 기다려야 하는 상황이었거든요. 휴스턴의 친척 집에 머무르면서 의료와 관련된 일을 찾아 경험을 쌓고 있었죠. 그러다 휴스턴 근처의 시골 병원에서 진료를 보게 되었는데, 그 병원과 협력관계에 있던 교수 한 분이 배일러 의대 소아과를 소개해주었고 소아과 수련을 시작하게 되었어요. 이전에는 소아과에 별 관심이 없었는데 배일러 의대의 명성을 보고 과는 상관없겠다고 생각했지요. 특별히 원하던 과는 아니었지만, 지금까지의 제 인생을 돌아보면 계획했던 대로 된 일보다는 제 의사와 상관없이 진로가 결정지어진 경우가 더 많더라고요.

Q 이 직업의 매력은 무엇인가요?

최근 들어 젊은 부모들을 중심으로 아이의 양육과 건강에 대한 관심과 투자가 늘다 보니 소아청소년과는 다시 인기죠. 소아 질환의 대부분은 성인 질환에 비해 치료 반응이 좋고 잘 낫는 편이에요. 건강해진 아이들을 통해 보람을 느낄 수 있는 점도 매력 중 하나겠죠.

Q 단점도 알려주세요.

어린아이를 대상으로 진찰과 시술을 해야 하기 때문에 신경 써야 할 게 많아요. 한 아이를 치료하는 것이긴 하지만 소아청소년과의 경우 가족치료의 개념도 필요하기 때문에 부모와의 관계도 잘 쌓아야 하고요. 아이에게 알약을 처방할 때는 몸무게에 따라 성인이 먹는 알약을 나누어줘야 하는데, 현재 우리나라 보험 제도로는 그렇게 조제하여 약 값을 받게 되면 불리하다는 것도 제도상의 문제로 볼 수 있겠네요.

Q 기억에 남는 아이나 순간이 있을까요?

소아심장과의 경우 완쾌되는 심장병이 대부분이지만 사망률이 높은 질환도 가끔 있어요. 오랜 시간 상태를 지켜봐야 하는 경우도 있고요. 경과나 예후가 좋은 아이들보다는 어릴 때 질환을 발견한 후에 외래에서 계속 추적 관찰해야 하는 아이들과는 정도 많이 들게 되지요. 그런 아이들 중 갑자기 상태가 나빠져 응급으로 심폐소생술을 해야 할 때가 있어요. 아이의 가슴을 압박하는 순간 눈을 뜨고 저를 쳐다보다가 가슴 압박을 멈추면 다시 눈을 감죠. 말로는 다 표현할 수 없는 감정이 올라오는데, 그런 순간은 잘 잊히지가 않아요.

Q 성취감을 느낄 때가 많을 것 같은데 어떠세요?

심장 교정 수술을 여러 번 받았는데도 그 어려운 고비를 모두 넘기고 완쾌된 아이들이 있어요. 건강하게 성장해서 아이도 낳아 부모가 되어 있는 것을 보았을 때 성취감을 많이 느끼죠.

Q 청소년들은 학창시절에 어떤 준비를 하면 좋을까요?

아이의 창의성을 높이고 역량을 최대한 발휘할 수 있게 하려면 무엇보다 부모의 역할이 중요하다고 생각해요. 세계적인 재즈 아티스트 나윤선 씨는 어릴 때부터 음악을 접할 기회가 많았다고 하죠. 작곡가이자 음악 PD인 방시혁 씨는 집에서 법관이 되라고 했지만 본인이 하고 싶은 것을 찾다 보니 세계 최고의 기획자가 되었고요. 부모는 아이가 공부 이외에 다른 것에도 관심을 가질 수 있도록 다양한 경험의 기회를 제공해주고, 본인이 하고 싶어 하는 것을 스스로 찾도록 지켜보며 그 진로로 나아가는 것을 지원하고 격려해줘야 해요. 청소년들은 기본적인 학교 공부도 열심히 해야겠지만, 운동이나 취미활동, 여행 등을 통해 다양한 경험을 해보는 게 필요해요. 그러면서 자기만의 특기도 개발할 수 있겠죠. 친구도 많이 사귀고 부모와 대화도 많이 하면 좋겠고요. 책 읽기나 신문읽기도 꼭 필요하죠. 부모들은 이러한 과정 속에서 아이에게 일률적으로 공부만 강요하기보다는 아이 스스로 자기가 좋아하는 것과 잘하는 것, 하고 싶은 것을 발견하도록 지켜보

Job
Propose 28

고 지지해주는 것이 필요하겠고요. 이런 성장과정을 거치게 되면 의사가 되고 나서도 사회적으로 좋은 영향력을 줄 수 있는 사람이 될 수 있다고 생각해요.

Q 소아청소년과의사를 꿈꾸는 청소년들에게 하고 싶은 말이 있나요?

의사가 되고 싶은 학생들을 보면 보통 학창시절부터 의사가 되고 싶다고 생각하고 준비하는 경우가 많은 것 같아요. 그중에는 어릴 때의 기억이나 개인적인 동기로 소아청소년과의사를 희망하는 사람이 많아요. 친구나 형제가 아파서 소아청소년과의사가 되고 싶어 하는 사람도 있고, 어릴 적 다녔던 소아과의 의사 선생님이 좋아서 장래희망이 된 사람도 있죠. 이렇게 확고한 꿈을 가진 학생이라면 기본적인 학교생활을 충실히 하고 다양한 활동을 해보면서 꿈을 키워 나가보세요. 그렇게 열심히 하다 보면 분명 길이 생기고 그 꿈도 꼭 이루어지리라 생각해요.

✧

선생님은 고생스러웠지만 보람 있고 뿌듯하기도 했던 소아과 수련과정에 대해 말씀해주셨어요. 처음부터 소아과를 원했던 것도 아니고 꼭 계획한 대로만 인생 항로가 결정되는 것은 아니지만 닥치면 다 하게 되어있다고 하시며 어떤 일이든 주어졌을 때 해내는 역량을 어릴 때부터 기르는 것이 중요하다고 하셨고요. 자기 분야에서 최고이면서도 주변을 돌아보고 관심을 기울이는 T자형 인간이 되어야 한다는 말씀도 해주셨어요. 바로 이런 마음가짐이 선생님을 이 자리까지 오게 만든 힘이라는 생각이 들었어요.

Q 간단한 자기소개를 부탁드려요.

안녕하세요. 저는 인제대학교 의과대학을 졸업하고 현재 상계백병원 소아청소년과에서 근무 중인 김정민이라고 해요.

Q 의사라는 직업을 선택한 이유가 있나요?

지금은 그렇지 않다고 하는데 저희 때는 문과와 이과가 나누어져 있었고, 대부분 이과에서만 의대를 갔어요. 저는 문과였지만 입시 담당 선생님이 교차 지원이 가능한 곳이 있다며 도전해보라고 추천해주신 덕분에 의대에 오게 되었죠. 처음에는 물리나 화학에 대해 잘 모르는 상태로 입학하다 보니 그런 과목을 공부하는 것이 좀 힘들었어요. 하지만 방학 때

나름대로 공부를 열심히 했더니 처음에 D였던 생화학에서 A를 받았고 장학금도 받을 수 있었죠. 선생님의 권유로 의대에 관심을 가지긴 했지만 의사라는 직업을 선택한 건 온전히 저의 몫이었어요. 최종적으로 이 길을 가자고 결심한 것은 의사의 일이 제 적성과 맞는다고 판단해서였죠. 공부하는 게 마냥 쉬웠던 건 아니었지만 꼼꼼하게 공부하는 면과 성실한 성격이 의사가 되는데 꼭 필요한 자질이라고 여겨졌거든요.

Q 의사라는 직업의 매력은 무엇인가요?

글쎄요. 생각해보면 의사로 일하는 게 쉬운 일만은 아니에요. 36시간 연속근무를 하기도 하고, 급박하고 긴장된 상황에서 오는 스트레스도 있으니까요. 그럼에도 이 일을 지속할 수 있는 건 아마도 생명을 다룬다는 사명감 때문일 거라 생각해요. 자신만의 전문성을 통해 생명을 다루는 일을 하고 있다는 자부심이 바로 이 일의 매력이 아닐까요?

Q 의사로 일하면서 힘든 점도 알려주세요.

열악한 의료 환경에도 불구하고 요구되는 서비스의 수준이 높아지면서 의사를 단순히 '서비스하는 사람'으로 대하는 분들이 많아졌는데, 그런 점이 안타까워요. 몇몇 의사들의 안좋은 행동으로 인해 다른 의사들까지 색안경을 쓰고 바라보는 분들을 봐도 속상하고요.

Q 기억에 남는 환자나 순간이 있을까요?

전공의 2년 차가 된 지 얼마 되지 않았을 때 두 살 된 남자아이가 응급실로 왔어요. 고열과 발진 때문에 왔는데 대기하는 동안 순식간에 상태가 악화돼서 응급조치를 한 후 상급병원으로 전원을 갔죠. 가는 동안 심장마사지를 해야 할 수도 있었던 급박한 상황이었어요. 그때 든 생각이 '내 처치가 미숙해서 이 아이가 잘못되면 어쩌지? 난 아직 2년 차고 부족한 게 많지만 내가 할 수 있는 한 최선을 다할 테니 제발 이 아이가 무사하게 해주세요.'였어요. 간절히 기도하며 병원에 가던 그때가 제 인생에서 가장 두려웠던 순간 중 하나라 아직도 기억에 많이 남아 있어요.

Q 언제 성취감을 느끼세요?

저희 병원은 신생아 중환자실의 중증도가 높은 편인데요. 그런 만큼 증세가 심각한 아이들이 회복되는 데서 오는 성취감이 크더라고요. 1kg 미만의 초극소 저체중아 신생아들이 합병증 없이 잘 자라서 퇴원하고 예방접종을 위해 다시 내원해 방긋방긋 웃는 모습을 보면 정말 뿌듯하죠. 한마디로 신생아들이 건강하게 퇴원하고 커가는 모습을 볼 때 가장 보람을 느껴요. 간혹 비상식적인 보호자들 때문에 화가 날 때가 있는데, 그런 때에도 아이들을 생각하면 참을 수 있죠.

Q 의사를 꿈꾸는 청소년들에게 하고 싶은 말이 있나요?

여러 매체를 통해 많이들 보아 알겠지만 요즘은 의사에 대한 대우와 기대가 예전 같지 않아요. 이런 상황에서도 의사를 꿈꾸는 청소년이 있다는 사실에 감사한 마음이 드네요. 바람이 있다면 단순히 의사가 되겠다는데 그치는 것이 아니라 어떤 의사가 되겠다는 나름의 의사상을 가졌으면 해요. 의대에 다닐 때 많은 교수님들이 물어보셨던 것 중 하나가 "인간적인 의사가 될래? 똑똑한 의사가 될래?"였어요. 인간적이면서 똑똑한 의사가 되면 좋겠지만 둘 중 하나를 고르라면 어떤 의사가 환자에게 더 필요한 사람일까요? 저는 굳이 둘 중 하나를 고르라면 똑똑한 의사를 고르겠어요. 똑똑하기만 하고 인간미 없는 사람은 별로지만 의사로서는 중요한 덕목이니까요. 여러분은 어떤 의사가 되고 싶은가요? 고민하고 또 고민하며 앞으로의 방향을 잘 설계해 나가길 바라요. 더 얘기해주고 싶은 것이 많지만 할애된 지면이 짧아 이만 줄여야겠네요. 공부 방법이나 의사가 되고 난 뒤의 수련과정 등 궁금한 것이 있다면 언제든 연락 주세요. 성의껏 답변해드릴게요. 의사를 꿈꾸는 여러분 모두 파이팅!

Q 간단한 자기소개를 부탁드려요.

안녕하세요. 저는 의학전문대학원 본과 4학년에 재학 중인 학생이에요.

Q 의대를 선택한 이유는 무엇인가요?

저는 어렸을 때 다니던 동네 소아과 의원의 의사선생님을 보며 의사의 꿈을 갖게 되었어요. 어릴 때라 막연하게 병원에 대한 두려움이 있었는데, 그 선생님께서는 항상 제 두려움에 공감해주셨고 제가 하는 이야기를 끝까지 들어주셨죠. 제가 이해할 수 있도록 아이의 눈높이에 맞추어 설명해주신 덕에 병원이 점차 두려움의 공간이 아닌 따스한 공간이 되어갔고, 저도 선생님 같은 의사가 되어야겠다는 생각을 하게 되었어요.

Q 입시 준비는 어떻게 했나요?

의학전문대학원 입학에는 대학교 학점과 공인영어성적, 한국어능력인증시험, MEET 시험 성적, 자기소개서 제출과 면접의 과정이 필요했어요. 자기소개서의 경우 학교마다 양식이 다르지만 대체로 지원 동기나 입학 후 학업 계획, 졸업 후 계획에 대한 항목들이 주를 이루게 되죠. 개인적인 생각으로 평가를 할 때 지원 동기 항목이 가장 중요한 비중을 차지하지 않을까 싶어 그 부분을 가장 열심히 작성했어요. 의사를 목표로 한 이유에 대해 학부 전공과 관련지어서 기술하였고, 제가 의사가 되기에 적합한 자질을 가졌음을 강조했죠. 작성하기에 앞서 제가 꿈꾸는 의사상에 대해 한 단어로 표현하여 단어들을 나열해보고, 이중 내가 지닌 자질이라고 강조할 수 있는 단어들을 세 개 정도로 추린 후 그것을 설명해줄 일화들을 생각해보았어요. 그리고 이를 토대로 의사에 대한 적합성을 강조하여 내용을 작성했죠. 예를 들어 리더십이란 단어를 선택했다면 대학교 학생회 임원 활동을 했던 일화를 작성하는 것이죠. 면접 역시 학교마다 방식에 차이가 있는데요. 저희 학교의 경우 영어나 그래프 지문이 주어지면 해석을 한 후 면접관의 질문에 답을 하는 형식이었어요. 최근 들어 많은 학교들이 특정 상황을 주고 어떤 행동을 할지에 대해 설명을 요하는 형식으로 면접을 진행한다고 하네요.

Q 학교생활은 어떤가요?

많이들 들어봐서 아시겠지만 의대에서의 공부량은 아주 많은 편이에요. 본과 1학년 때는 해부학과 약리학, 생리학, 생화학 같은 기초의학을 배우고 본과 2학년 때는 내과, 외과, 산부인과, 정신과 같은 임상의학을 배우게 되는데요. 거의 매주 시험이 있어요. 한 번의 시험마다 공부할 양이 수 천 페이지에 달하기 때문에 보통 시험 직전에는 밤을 새워가며 공부를 하죠. 본과 3, 4학년 때는 실습을 하는데요. 각 과마다 1~4주 정도씩 돌면서 그동안 배운 이론들이 실제 환자들에게 어떻게 적용되는지를 볼 수 있고, 환자를 대하는 방법도 배울 수 있죠. 의대는 방학도 짧은 편이고 평소에도 해야 할 공부나 과제가 많지만 그럼에도 시간을 쪼개어 여가시간을 즐기기도 하고 선후배나 동기들과 동아리 활동을 하며 시간을 보내기도 해요.

Q 의사가 되고 싶은 청소년들에게 해주고 싶은 말이 있나요?

제 주변에도 의대 입학을 준비하는 학생들이 많아요. 그 친구들에게도 얘기했듯이, 공부를 하는 시간도 중요하지만 자신에 대해, 자신의 꿈에 대해 좀 더 현실적으로 생각하는 시간을 가졌으면 좋겠어요. 공부량이 너무 많아서, 적성에 맞지 않아서, 자신이 중요하게 생각하는 인생관과 부딪쳐서 등의 이유로 의대 생활에 대해 고민하고 힘들어하는 친구들도 많거든요. 의사가 되기까지 또는 의사가 된 후의 좋은 점과 힘든 점을 잘 따져보고, 내가 해낼 수 있을지, 나에게 잘 맞을지를 생각해보는 시간을 꼭 가졌으면 해요. 그리고 자신이 꿈꾸는 의사의 모습을 구체적으로 그려본다면 의대를 준비하는 과정에서 혹은 의대를 다니는 중에 힘든 일이 있어도 그걸 이겨내고 앞으로 나아갈 수 있는 원동력이 될 수 있을 거예요.

Q 간단한 자기소개를 부탁해요.

안녕하세요. 저는 인제대학교 의과대학 4학년에 재학 중인 김동욱이라고 해요.

Q 의대를 선택한 이유가 있을까요?

어렸을 때부터 막연히 의사가 되고 싶었어요. 생명이 위중한 사람들을 살려내는 모습이 정말 멋있어 보였거든요. 그래서 메디컬 드라마도 굉장히 좋아했죠. 고등학교 때는 공부하다가 슬럼프가 오면 메디컬 드라마를 보며 동기부여를 하곤 했어요. 의대에 다니는 지금도 열심히 일하는 선배 의사들을 보면 여전히 멋있네요. 제 롤 모델들이죠.

Q 입시는 어떻게 준비했나요?

A 의대 입시는 다른 대학과 마찬가지로 수시와 정시가 있는데요. 어느 한 쪽만 너무 치중하기보다는 가능하면 두 기회 모두 노려보는 것을 추천해요. 저 같은 경우 수시를 위해 내신을 챙겨놓는 편이었어요. 평소에는 정시를 위해 수능 공부를 하다가도 내신 시험기간이 되면 수능 공부를 잠시 중단하고 내신 공부에 전념하는 식으로요. 수능 공부의 경우 고등학교 2학년 때까지는 국어와 영어, 수학 위주로 했는데, 특히 수학을 열심히 공부했어요. 고등학교 3학년부터 과학탐구 공부를 추가로 병행했고요.

Q 자기소개서는 어떤 식으로 썼나요?

A 수시의 경우 자기소개서를 작성해야 하지만, 저는 정시로 입학해서 자기소개서를 작성해본 적이 없어요.

Q 의대에 들어갈 수 있는 자신만의 꿀 팁이 있다면요?

A 당연한 얘기지만 의대들은 대부분 수학과 과학에 가산점이 있으니 그만큼 수학, 과학 공부에 시간을 더 투자하는 것이 좋겠죠.

Q 면접은 어떤 식으로 진행되나요?

의대마다 다른 방식으로 면접을 진행하는 것으로 알고 있어요. 저희 학교 같은 경우 상황 면접으로 진행했는데요. 상황 면접이란 '이러이러한 상황에서 당신은 어떻게 행동하겠느냐'라고 질문을 하고 답변을 들으면서 그 학생을 평가하는 것이죠. 주어진 상황들은 하나같이 고민되는 상황들이고요.

Q 학교생활은 어때요?

의대는 시험이 정말 자주 있는 편이에요. 저희들 사이에서는 '돌아서면 시험 기간이다'라는 표현을 종종 쓰기도 하죠. 평소에는 수업을 마치면 간단히 복습을 하고 쉬거나 가까운 번화가에 놀러 가기도 하지만 시험 기간이 되면 수업을 마치고 또다시 공부를 해요. 시험이 자주 있고 공부할 양이 많아서 힘들기도 하지만 그만큼 시험이 끝날 때면 짜릿한 느낌이 최고조에 달하죠. 안 힘들다면 거짓말이겠지만 제가 정말 원하는 공부를 할 수 있어서 좋아요.

Q 어떤 수업을 듣나요?

의과대학 6년은 예과 2년, 본과 4년으로 구성되어 있어요. 예과 때는 다른 대학생들과 비슷하게 교양수업 위주로 듣고, 본과 1, 2학년 때는 내과, 소아청소년과, 산부인과 등 각 과의 과목들을 자세하게 배우죠. 실제로 병원에서 일하는 교수님들이 강의를 해주시고요. 본과 3, 4학년 때는 병원으로 임상실습을 나가는데, 이 과정은 실제 의사들이 일하는 모습을 보면서 의사가 되기 위해 준비하는 단계예요.

Q 의대를 선택하고 나니 어떤 점이 좋은가요?

우선 진로가 어느 정도 결정되어 있으니 미래에 대해 심각하게 고민하지 않아도 된다는 점이 좋아요. 다른 과를 전공한 친구들과 만나서 얘기를 하다 보면 다들 진로에 대해 조금씩은 걱정하더라고요. 물론 이것은 부차적인 이유이고 무엇보다도 제가 원하고 간절히 바라왔던 일을 하게 된 것이 가장 좋죠. 어릴 때부터 메디컬 드라마를 보면서 동경해왔던 의사 역할을 저도 할 수 있으니까요. 하루하루가 제 꿈을 이루기 위한 소중한 과정이라 생각하며 학교생활을 하고 있어요.

Q 생각했던 것과 다른 점은 없었나요?

음, 굳이 꼽자면 쉴 수 있는 시간이 생각보다는 더 많다는 것 정도요? 의대에 막 입학했을 때는 의대생들이 매일매일 잠도 잘 못 자고 365일 공부만 하는 줄 알았거든요. 그런데 학교생활을 해보니까 그 정도까진 아니었어요. 시험 직전만 아니라면 잠은 충분히 잘 수 있고, 시간을 잘 활용한다면 악기 연주나 영화 감상 같은 취미 생활도 자유롭게 할 수 있죠.

Q 의대를 준비하는 학생들에게 해주고 싶은 말이 있을까요?

의대는 다른 대학보다 요구하는 점수가 높아 정말 열심히 공부해야 하고 열심히 공부하느라 많이 힘들 거예요. 하지만 어떤 어려움이 와도 쉽게 포기하지 말았으면 해요. 이제 졸업을 앞둔 입장에서 돌이켜보면 의대에 들어오길 정말 잘했다는 생각이 들거든요. 너무나도 원했던 일, 제가 그토록 하고 싶었던 일을 할 수 있는 지금이 더없이 행복해요. 앞으로의 인생을 생각하면 고등학교 때 치열하게 공부했던 것이 충분히 보상이 되죠. 여러분도 미래를 위한 투자라고 생각하고 즐겁게 공부했으면 좋겠어요.

Q 어떤 의사가 되고 싶은가요?

A 진부한 말일지 모르겠지만 실력은 물론이고 환자들의 아픔에 공감할 줄 아는 마음 따뜻한 의사가 되고 싶어요. 본과 1학년 때 교수님이 해주셨던 말씀이 아직도 기억에 많이 남아있어요. '환자의 상처가 실제로 그렇게까지 아프지 않아 보이는 병변이라 하더라도, 환자가 아프다고 하면 정말 아픈 것이 맞다. 환자의 통증을 함부로 평가하지 않았으면 좋겠다.'라고 하셨는데, 그 말씀이 저에겐 정말 인상 깊었거든요. 환자의 아픔에 공감하고 환자를 위하는 그런 의사가 되고 싶어요.

소아청소년과의사

최민정 스토리

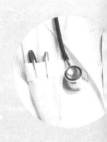

Pediatrics

어린 시절에 대한 이야기가 궁금해요. 부모님은 어떤 분이셨고, 어린 시절 환경은 어땠나요?

저희 부모님은 결혼을 하고 서울로 올라오셨는데요. 타지에서 새로 가정을 일구다 보니 여유가 없어 아이들이 갖고 싶은 것을 다 사주실 정도로 풍족하진 않으셨어요. 늘 근검절약하셨고, 모든 것은 자신의 실력과 노력을 통해 이루어진다는 믿음이 있어 요행을 바라지 않으셨죠. 부모님의 삶의 방식을 통해 저 역시 절약하는 소비습관과 착실한 생활 태도를 익힐 수 있었어요. 그런 것들은 어릴 적부터 자연스럽게 체화해야 하는 것들이잖아요. 제가 무엇을 하든 한발 한발 성실하게 나아갈 수 있도록 제 인생에 좋은 영향을 주신 두 분께 정말 감사드리고 있어요.

아버지께서는 특별히 연고도 없는 서울에서 사업을 시작해 자수성가하셨어요. 그동안 어머니는 묵묵히 내조하면서 저희 남매의 교육에 최선을 다하셨고요. 부모님께서는 저에게 무언가를 주입시키거나 직접 가르치시기보다는 말없이 지켜봐 주시고 필요한 것이 있다고 하면 적극적으로 지원해주셨죠. 공부하라는 말씀도 하신 적 없고, 무슨 책을 보라거나 어떤 학원에 다니라고 하신 적도 없었고요. 공부 때문에 꾸지

람을 들은 적은 없었지만 예의에 어긋나는 행동을 하거나 고쳐야 할 점은 단호하게 얘기해주셨어요. 지금 와서 보면 부모님의 그런 교육방식 덕분에 공부에 흥미가 생겼다고 생각해요. 계속해서 공부하라는 얘기를 들었다면 공부를 자발적으로 재미있게 하지는 못했을 것 같거든요.

편 인터뷰를 하면서 굉장히 성실한 사람이라는 인상을 받았어요. 부모님의 영향이었군요. 공부 역시 부모님의 교육방식으로 인해 흥미를 가지게 되었다고 하셨는데요. 자기 주도적이고 재미있게 공부한 것이 실제로 성적에 영향을 미쳤나요?

초등학교에 들어가서 첫 1년은 별다른 생각 없이 학교를 다녔어요. 부모님과 떨어져 단체생활을 하는 것에 적응하다 보니 금방 2학년이 되었죠. 그런데 2학년 때 담임선생님이 절 좀 미워하셨어요. 아이들 앞에서 자로 등을 세게 때리기도 하고, 심한 벌을 주기도 하셨죠. 왜 유독 저를 미워하는지 이해가 안 됐고, 나중엔 억울한 마음까지 들었어요. 아마 그때부터 제가 공부를 열심히 한 것 같아요. 공부를 잘해서 인정을 받고 싶었나 봐요. 당시에 초등학교 교과 전 과목을 책 한 권에 모두 정리해놓은 전과라는 것이 있었는데, 전과를 출판사별로 한 권씩 사서 매일 철저하게 예습을 해갔죠. 그러다 보면 어떤 날은 공부하다 새벽 2시에 자는 날도 있었어요. 학교에 가기 전까지 교과서 빈자리에 참고할 내용을 모두 정리해서 적어 놓고 수업을 들으면 선생님 말씀이 머리에 쏙쏙 들어왔죠. 이렇게 공부하고 2학기에 중간고사를 봤는데 전교 600명 아이들 중 1등을 한 거예요. 처음엔 선생님께 인정받고자 열심히 했는데 점점 공부 자체가 재미있어졌죠. 재미있다 보니 꾸준하게 열심히 할 수 있었고요. 상처를 받고 마음 아팠

던 아홉 살의 저를 생각하면 씁쓸하기도 하지만 결과적으론 그렇게 나쁜 일만은 아니었다고 생각해요. 그때부터 공부에 재미를 붙이며 성적을 올린 덕에 지금 천직이라 생각하는 이 일을 하며 살게 되었으니까요.

📻 오히려 선생님을 미워하고 학교에 가고 싶지 않다고 생각할 수도 있었잖아요. 어린 나이였는데 안 좋은 일을 긍정적인 방향으로 풀어내셨네요. 중, 고등학교에 진학해서도 계속 공부를 즐기셨나요?

▨ 중학교 입학 전 초등학교 6학년 겨울방학 때 학교에서는 상위권 학생들을 대상으로 중학교 영어, 수학 대비반을 마련해 주셨어요. 정식 교과과정은 아니지만 열심히 공부했죠. 추운 겨울이라 손발은 시리고 눈까지 내려 길은 빙판이었는데도 손에 단어장을 들고 외우면서 학교에 갔던 것이 아직도 기억이 나요. 덕분에 중학교에 들어가서 첫 중간고사를 봤는데 전교 1등을 했죠. 이후에도 쭉 상위권 성적을 유지했고 학교 임원이나 학급임원도 맡아했어요. 초등학교와 고등학교 때에는 학교 전체 회장, 부회장으로 당선되기도 했고요.

▣ 특별히 더 좋아했던 과목이 있었나요?

▨ 저는 한국지리 과목을 재미있게 공부했어요. 처음엔 한국지리가 사회 과목이라서 외워야 하는 과목이라고 생각했는데, 숨어있는 원리를 보니 체계적이면서도 과학적인 부분이 많더라고요. 단순히 암기하는 것이 아니라 역사나 과학, 문화의 총체적 접근을 통해 이해해야 한다는 것이 마음에 들었죠. 지리적 환경이나 기후는 우리 실생활에도 직접 영향을 주는 것들이니 알아두면 실리적이라는 것도 좋았고요. 예를 들어 높새바람은 북쪽에서 불어오는 바람을 지칭하는 순우리말

인 '높바람'과 동쪽에서 불어오는 바람을 지칭하는 순우리말인 '샛바람'의 합성어로 북동풍이라는 의미를 가지고 있는데요. 높새바람이 고온 건조한 바람으로 변하는 특징을 공부할 때는 단열변화라는 과학적 원리를 먼저 이해해야 하죠. 이중환의 택리지에도 기록된 것처럼 높새바람은 오랫동안 영동, 영서 지방에 영향을 주었는데, 이처럼 자연현상이 그 지방에 미치는 영향에 대해서도 연계해 공부할 수 있고요. 고 차위 중심이나 저 차위 중심 같은 개념처럼 경제 활동의 입지와 분포, 공간적 구성을 연구하는 내용도 산업의 입지, 집적의 경제, 교통, 국제 무역, 개발, 부동산 등과 연관되어 있어 실생활에 적용할 수 있기 때문에 더 흥미로웠어요.

■ 학창시절에 기억나는 사건이 있나요?

▨ 초등학교 때였어요. 아침에 일어났더니 방안에 연탄 연기가 가득한 거예요. 당시 저희 가족은 주택에 살고 있었는데 겨울이어서 연탄으로 난방을 하고 있었죠. 연탄 덮개가 덜 닫혔는지 새어 나온 연기가 방안에 가득했고, 심하지는 않았지만 머리도 아프고 속도 울렁거려서 학교에 가야 할지를 고민했어요. 그때까지 단 한 번도 결석을 하지 않았던 터라 더 고민이

되었는데, 부모님께서는 생각 끝에 저희 남매를 학교에 데려다주셨죠. 누구보다 저희를 안쓰러워하고 걱정하셨지만 성실함은 한번 무너지면 흐트러지기 쉽다고 믿으셨기에 그러셨던 것 같아요. 다행히 등교 후에는 증상이 호전되어 별 탈 없이 수업을 들을 수 있었고, 덕분에 저희 남매는 초등학교뿐만 아니라 중, 고등학교 학창시절 모두 개근상을 받을 수 있었죠. 이런 경험은 어떤 힘든 상황이 와도 꿋꿋하게 버틸 수 있는 원동력이 되었어요. 그리고 지금 제 진료를 받는 학생들이 격리 조치가 필요하거나 결석이 꼭 필요한 상황이 아니라면 학교에 갈 수 있도록 신경을 쓰게 되었고요.

편 어린 시절의 꿈은 뭐였나요?

고등학교에 들어가서는 매스컴 분야에 관심이 생겨 방송국 PD가 되고 싶다는 생각을 한 적이 있었어요. 하지만 아주 어렸을 때는 TV를 잘 안 봐서 어떤 직업들이 있는지 잘 몰랐죠. 그래서 막연하게 다른 사람들을 도와주고 싶다는 생각에 변호사가 되고 싶었어요. 변호사가 구체적으로 어떤 일을 하는지는 몰랐지만 어려운 처지에 있는 분들을 돕는 사람이라고 어렴풋이 생각했거든요. 장래희망을 적어내라고 하니 당

시에 생각할 수 있는 직업을 적어낸 것이지, 어떤 일을 하건 그 밑바탕이 타인을 돕는 것이라면 꼭 변호사가 아니어도 상관없었던 거죠. 그런 점에서 지금 저는 꿈을 이뤘다고 생각해요. 제가 배운 지식과 능력, 경험으로 사람들을 돕고 있으니까요.

편 남을 돕고 싶다는 어렴풋한 마음이 언제부터 의사가 되어 사람들의 건강한 삶을 위해 애쓰고 싶다는 목표로 구체화된 것인지 궁금해요. 이 진로를 결정하게 된 결정적인 이유가 있을까요?

崔 제가 고등학교 3학년일 당시에는 대부분 성적에 맞춰 대학과 과를 선택했어요. 지금처럼 진로 상담이나 직업 탐방의 기회가 다양하지 않았던 시대였죠. 그 당시 특별히 되고 싶은 것이 없기도 했고, 직업이 한 사람의 자아실현에 미치는 영향에 대해서 깊은 고민을 해보지도 않았던 터라 저 역시 성적에 맞춰 대학을 선택했어요. 그렇게 간 대학의 도서관에서 해부학 공부를 하는 친구를 만났죠. 우연히 친구의 책을 봤는데 나도 의학 공부를 해보고 싶다는 생각이 걷잡을 수 없이 드는 거예요. 그리고 바로 의과대학 입시를 준비해서 지금의 제가 되었죠. 공교롭고도 단순한 이유로 시작했지만 이렇게 소아청소년과의사가 되어 보니 직업이라는 것이 한 사람의 가능성과 잠재력을 발휘할 수 있게 도와주고, 만족감과 자존감을 높여줄 수 있다는 것을 알게 되었어요. 이 직업이 나를 설명할 수 있는 본질, Identity까지 될 수 있다고 생각하게 되었고요. 저를 딱 하나의 단어로 표현하라고 한다면 소아청소년과 의사 최민정이라고 말할 정도로요.

編 대학을 졸업한 후에는 바로 이 직업을 가지게 되었나요? 어떤 과정을 거쳤는지 궁금해요.

의과대학 6학년 때 의사 국가고시에 통과해서 의사면허 증을 받았고, 다음 해 1년 동안 인턴과정을 거친 후에 소아청 소년과 전공의로 들어가 4년 동안 수련을 받았어요. 마지막 연차 때 소아청소년과 전문의 시험을 통과해서 다음 해에 바로 소아청소년과 전문의로 일하기 시작했고요. 보통의 대학 생들은 원하는 직장에 들어가기 위해 스펙을 더 쌓기도 하지 만 의과대학 학생들의 경우 특별한 사유가 없는 한 저처럼 졸 업 후 바로 의사 생활을 시작하게 되죠.

編 전공을 선택하는 데 도움을 준 사람들이 있나요?

인턴이 끝날 무렵 전공과를 결정할 시기가 왔는데, 당시 엔 신경외과와 가정의학과도 고려 대상이었어요. 부모님과 현재 의사 생활을 하고 있는 친척들, 주변 의사 선배들과 상 의한 끝에 소아청소년과를 선택하게 되었죠. 앞서 잠깐 얘기 했듯이 오랜 시간 고민을 해본 결과 저의 성향과 장점을 살릴 수 있는 전공이 소아청소년과일 것이라 판단했는데, 조언을 해준 분들 역시 저와 의견을 같이 해 주셨거든요.

편 직업관을 형성하는 데 도움을 준 책이나 영화가 있을까요?

학창시절에는 『닥터스』라는 책의 로라나 영화 〈시티 오브 조이〉, 〈패치 아담스〉의 주인공이었던 맥스와 헌터가 선망의 대상이었죠. 정의롭고 따뜻한 이상적인 인간상이잖아요. 그때는 의사가 되고 싶다는 생각이 없어서 그들을 동경하기만 했지 나도 저런 의사가 되겠다고 결심한 건 아니었어요. 하지만 제가 그들을 이상적이라고 느꼈던 건 제 안에도 따뜻함이 있었기 때문이라고 생각해요. 그런 온기 덕에 의사가 되어서도 환자들의 마음까지 치유하고자 하는 태도를 가질 수 있게 되었죠.

전공의 4년을 마치고 난 후 아툴 가완디의 『나는 고백한다. 현대의학을』이라는 책을 읽게 되었어요. 의사인 저자가 현대의학의 한계에 대해 스스로 고백한다는 것이 인상적이었죠. 저자는 의료사고의 발생 과정과 초보 의사가 숙련의가 되는 경로, 임상 현장에서의 불확실한 상황 등을 설명하면서 전문가인 의사도 언제나 오류를 범할 위험을 안고 있음을 지적했어요. 의사들 대부분에게 있어 진단이란 요리와 같아서 반드시 환자 개개인의 특이상황을 고려해야 하기 때문에 일반

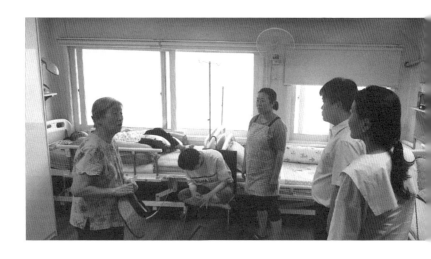

화시킬 수 있는 것이 아니라고도 했고요. 불완전한 현대의학
과 의사의 한계를 인정해야만 의사와 환자 사이에 새로운 신
뢰가 구축될 수 있다고 주장했죠. 이 책을 통해 의학 지식이
란 것이 제도적으로 한계가 있을 수밖에 없다는 점을 깨달았
고, 내가 알고 있는 지식이 언제나 완벽할 수는 없다는 것을
잊지 않아야겠다고 다짐하게 되었어요.

　　전문의가 되어 진료를 하다 보니 진심을 담아 최선을 다
해 진료한다고는 해도 이런 제 마음이 통하지 않을 때도 있었
고 성과라는 세상의 기준에 맞춰야 할 때도 있었어요. 그렇

게 몇 년간 진료를 하다 보니 속상하고 실망스러운 마음이 커
져 갔죠. 그때, 조병국 선생님의『할머니 의사 청진기를 놓다』
라는 책을 친구에게 선물로 받았어요. 저자인 조병국 선생님
은 소아과의사가 된 후 서울시립아동병원과 홀트아동복지회
부속의원에서 봉사하며 버려진 아이들과 입양아들을 치료하
셨어요. 그 50년간 겪은 일화들을 적은 것이 바로 이 책인데
요. 버림받은 아이들을 사랑 가득한 마음으로 돌보고 치료한
이야기를 읽으면서 기쁨과 감동은 물론 같은 소아과의사로서
의 긍지를 느낄 수 있었어요. 책을 읽기 전에는 내가 열심히

하는 만큼 세상의 인정을 받아야겠다는 마음만 컸는데, 책을 읽고 나니 세상의 기준보다 더 중요한 제 일의 본분과 사명에 대해 생각하게 되었죠.

편 이 분야의 전문의가 되기까지 얼마나 걸리신 건가요?

6년간의 의과대학 공부를 시작으로 인턴 1년, 소아청소년과 전공의 생활 4년을 거쳐 소아청소년과 전문의 자격증을 취득하기까지 총 11년이 걸렸네요. 전문의가 되고 나면 주치의가 되어 결정을 내려야 하는데 어떤 상황에서든 능숙하게 대처할 수 있으려면 전문의가 되고 나서도 어느 정도의 경험과 시간이 필요해요. 오랜 기간에 걸쳐 전문의 자격증은 취득했지만 그렇다고 그게 끝은 아닌 거죠. 어느 일이든 마찬가지겠지만 의사라는 직업 역시 지속적인 노력이 필요해요.

편 의사가 되고 난 후 첫 출근 날 기억하세요?

저는 의사면허증을 따고 신촌 세브란스병원에서 인턴생활을 했어요. 대학병원에서는 병동 회진을 하기 전까지 준비해야 하는 것들이 있다 보니 다른 직장에 비해 일찍 하루를 시작해요. 그래서 6시 반까지 출근을 해야 했는데, 병원이 집에서 멀다 보니 첫날은 좀 더 여유 있게 집을 나섰죠. 신촌 지하철역에서 내려 세브란스병원을 바라보며 걷는데 뿌듯한 기분이 들더라고요. 새로운 생활에 대한 설렘도 느껴졌고요. 먼저 인턴 숙소로 가서 처음 보는 동기들과 어색한 인사를 한 후 수술 방으로 내려갔죠. 인턴들은 한 달마다 과를 바꿔가며 근무하는데, 저는 첫 스케줄로 마취과가 배정되었어요. 수술복으로 갈아입고 마스크를 쓴 후 제가 맡게 된 수술 방으로 들어갔죠. 과를 배정받아서 근무하기 전에 미리 해당과 근무에 대한 인계를 받았는데, 긴장이 되어 다 잊어버릴까봐 수술 방에 들어가기 전까지도 인계 내용을 보고 있었던 게 기억나요. 마취를 하는 중에 화장실에 가고 싶으면 어쩌지 하는 사소한 것들도 걱정하면서요.

편 자녀가 있다면 권할 만한 직업인가요?

채 자녀가 저와 비슷한 성향을 가졌다면 추천하고 싶어요. 연구하고 공부하는 것을 좋아하는 아이라면 적극적으로 권하고 싶고요. 자신을 통해 사람들이 건강과 안녕을 얻을 수 있다는 사실에 보람을 느낄 수 있는 직업이니까요. 안정적인 보수와 사회적으로 존경받을 수 있는 일이라는 점도 빼놓을 수 없는 부분이고요.

편 진료 외에 관심을 가지고 활동하는 분야가 있을까요?

시간이 나는 대로 의료봉사를 하고 있어요. 개인적으로는 그림 그리기에 취미가 있어서 쉴 때는 그림을 그리고요. 어릴 때부터 그림 그리기를 좋아했죠. 아마 의사가 되지 않았다면 예술이나 디자인과 관련된 일을 했을지도 모르겠네요. 매년 연말에는 직접 그린 그림으로 연하장을 만들어 은사님들과 평소 고마웠던 분들에게 보내드리고 있어요. 제가 직접 그린 그림으로 만든 카드를 소중한 사람들에게 보내기 위해 준비하다 보면 뿌듯하기도 하고 마음이 따뜻해지기도 해요. 받는 분들도 손수 만든 제 카드를 보고 많이 좋아하시고요. 앞으로는 교육적인 내용이 담긴 동화책이나 그림책도 만들려고 해요. 의사로서의 경험을 바탕으로 쓴다면 아이들이 좀 더 공감하지 않을까 싶어요. 그리고 기회가 된다면 외국 그림책을 번역하거나 제가 쓴 책을 국제 아동도서전에 출품해보고 싶어요. 몇 년 후에는 평소 그렸던 그림들을 모아 제가 좋아하는 예술의 전당에서 전시회도 해보고 싶고요. 여러분에게 먼저 몇 장만 보여드릴게요. ^^

편. 소아청소년과의사로서 앞으로 어떤 목표를 갖고 계시나요?

유산균에 대한 관심이 많아 다른 나라 사례들을 연구하며 공부 중이죠. 앞으로도 계속해서 관련 연구를 해나갈 예정이에요. 부모들은 아이의 질병뿐 아니라 생활습관에 대한 고민도 많이 해요. 그중에서도 아이들의 식습관 문제로 걱정하는 분들이 참 많죠. 실제 진료를 하다 보면 아이가 편식이 심해서 고민이 된다는 분, 어떤 영양제를 보충해줘야 하는지 잘 모르겠다는 분들을 자주 만나게 되는데, 상담을 통해 원인을

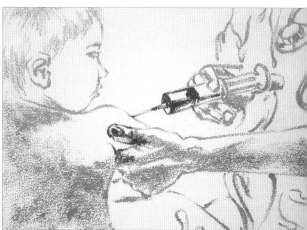

찾고 해결책이나 최선의 방향을 제시해드리고 있어요. 이렇게 진료를 하면서 쌓은 경험과 노하우로 식습관뿐만 아니라 아이의 전반적인 생활습관에 대한 고민을 함께 나누고 도움이 필요한 곳에는 어디든 손을 내밀고 싶어요.

'한 아이를 키우려면 온 마을이 필요하다'는 아프리카의 속담이 있어요. 제 생각도 그래요. 어린이와 청소년을 잘 키워내는 일은 사회 전체가 함께 해내야 하는 의무라고 생각하죠. 어린이와 청소년들이 꿈과 희망을 키울 기회가 공평하게 열려 있었으면 해요. 오래 전이죠. 2003년에 MBC의 〈느낌표〉라는 프로그램에서 '기적의 도서관'이라는 어린이 전문 도서관 건립 사업 프로젝트를 진행한 적이 있었어요. 당시 프로그램을 통해 모아진 시민 성금을 바탕으로 시민사회단체들과 민간 영역이 기부한 각종 자원, 지방자치단체들이 낸 분담금이 더해져 기적의 도서관이 지어졌죠. 지역사회 민간 인사들로 구성된 운영위원회가 운영 및 유지 책임의 주체가 되고 지방자치단체는 그 운영에 필요한 재정을 담당했는데, 이것은 민관이 협력하여 공공의 가치를 실현해나가는 좋은 예라고 할 수 있어요. 저는 이 프로그램이 매우 인상 깊었어요. 언젠가 나도 아이들을 위해 이런 일을 해보겠다고 다짐했죠. 지금은 아이들을 진료하는 데 최선을 다하고 있지만 향후에는 아이들을 위한 교육 등의 봉사 프로그램이 있다면 참여해보고 싶어요. 그리고 최근에 든 생각인데요. 소아청소년과의사가 되고 싶은 청소년들이 있다면 진로 상담이나 진로 관련 강의를 해주며 도움을 주고 싶어요. 그동안의 경험과 이 책을 준비하면서 얻은 것들을 사람들과 함께 나누고 싶네요.

편 마지막으로 소아청소년과의사를 꿈꾸는 청소년들에게 해주고 싶은 말이 있나요?

차 소아청소년과의사의 직업만족도는 얼마나 될까요? 한국고용정보원 미래직업연구팀이 2017년에 실시한 조사에 따르면 77.4%라고 하네요. 굉장히 높은 편이죠? 하지만 직업만족도가 높다고 해서 모든 면이 만족스럽고 긍정적인 것만은 아닐 거예요. 어느 직업이나 힘든 부분은 있고, 일자리의 전망이 불안정한 경우도 있죠. 소아청소년과의사들만 들어갈 수 있는 페드넷이라는 사이트가 있는데요. 최근 회원들이 올린 글을 읽다 보면 예전에 비해 환자가 크게 줄었다는 내용이 많아요. 개원하고 싶은데 개원할 자리가 없다는 글도 종종 올라오고요. 한 건물에 소아청소년과가 두 개나 있는 곳도 있대요. 제가 여러분에게 이런 얘길 하는 이유는 뭘까요? 일시적인 흐름이나 단편적인 내용만으로 이 길을 선택하는 분이 있다면 현실을 제대로 알려주고 싶은 마음이 있기 때문이에요. 물론 100% 완벽한 미래를 보장하는 일은 어디에도 없다는 것을 여러분도 잘 알겠지만 모든 상황을 고려해보고 종합적으로 판단해보길 바라는 마음이죠. 그럼에도 불구하고 저처럼 소아청소년과의사가 되고 싶은 분들이라면 어떤 상황이 오든

교연하게 나아갈 거라 믿고요. 저는 지금의 여러 상황에도 불구하고 이 일이 천직이라 생각하며 정말 행복하게 일하고 있어요. 아이들을 좋아하고 아이들과 함께 하고픈 여러분! 저와 함께 걸어보지 않으실래요?

"이 책을 준비하면서 여러 선배님을 만났어요. 그분들의 삶에서 공통적으로 본 것은 꿈을 갖고 끊임없이 노력하면 언젠가는 그 꿈이 이루어진다는 것이었죠. 꿈을 향해 나아가는 길에는 수많은 어려움이 있을 수도 있어요. 그분들이 걸어온 길에도 고난은 늘 있었죠. 하지만 신념을 갖고 꾸준히 노력하다 보면 언젠가는 이루어지더라고요. 여러분의 꿈도 마찬가지일 거라 생각해요. 자신의 자리에서 최선을 다하며 포기하지 않는다면 여러분의 꿈도 언젠가는 꼭 이루어질 거예요. 여러분, 파이팅!"

청소년들의 진로와 직업 탐색을 위한

소아청소년과의사⁺

2019년 11월 15일 | 초판1쇄

지은이 | 최민정
펴낸이 | 유윤선
펴낸곳 | 토크쇼

편집인 | 박가영
디자인 | 김경희
마케팅 | 김민영

출판등록 2016년 7월 21일 제2019-000113호
주소 | 서울시 서초구 나루터로 69, 107호
전화 | 070-4200-0327
팩스 | 02-780-0327
전자우편 | myys327@gmail.com
블로그 | http://blog.naver.com/talkshowpub
ISBN | 979-11-88091-66-9 (43190)
정가 | 17,000원

이 책의 저작권은 저자와 출판사에 있습니다.
서면에 의한 저자와 출판사의 허락 없이 책의 전부 또는
일부 내용을 사용할 수 없습니다.